D1734409

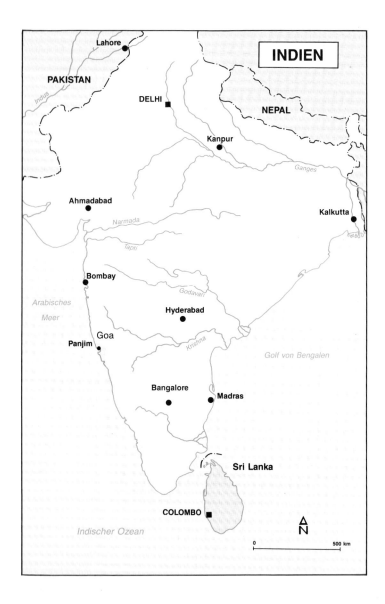

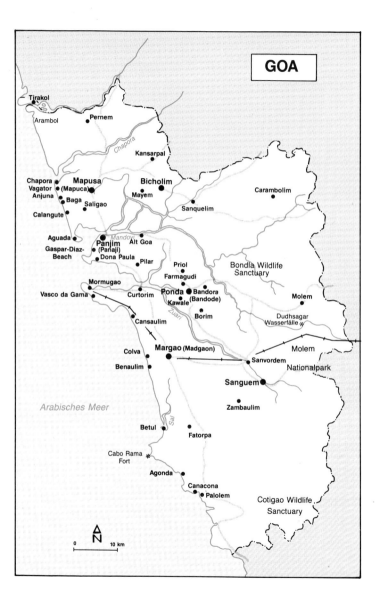

GOA
(Indien)

1991

Hayit Verlag Köln

Die Deutsche Bibliothek — CIP-Einheitsaufnahme

Maunder, Hilke:
Goa (Indien) / [Autorin: Hilke Maunder]. - Köln : Hayit, 1991
  (Nützliche Reisetips von A - Z)
  ISBN 3-89210-328-3
NE: HST

1. Auflage 1991
ISBN 3-89210-328-3
© copyright 1991, Hayit Verlag GmbH, Köln
Autorin: Hilke Maunder
Satz: Hayit Verlag GmbH, Köln
Druck: Meininger Druck GmbH, Neustadt
Fotos: Hilke Maunder, Uwe Turek
Karten: Ralf Tito

Was Sie beim Gebrauch dieses Buches wissen sollten

Bücher der Serie ,,Nützliche Reisetips von A—Z'' bieten Ihnen eine Vielzahl von handfesten Informationen. In alphabetischer Reihenfolge klar gegliedert finden Sie die wichtigsten Hinweise für Ihre Urlaubsreise. Querverweise erleichtern die Orientierung, so daß man, auch wenn das Stichwort, beispielsweise ,,Ferienwohnungen'', nicht näher beschrieben wird, jederzeit das ausführlich behandelte Stichwort findet, hier: ,,Unterkunft''. Auf thematisch verwandte Stichworte wird ebenfalls häufig verwiesen. Z. B. sind unter dem Stichwort ,,Medikamente'' folgende Verweise aufgeführt: ,,Ärztliche Versorgung'', ,,Reiseapotheke'', ,,Apotheken'', ,,Impfungen''.

Mit Reiseführern der Serie ,,Nützliche Reisetips von A—Z'' beginnt die umfassende Information bereits vor Antritt Ihrer Urlaubsreise. So erfahren Sie alles von Anreise über Dokumente und Kartenmaterial bis zu Zollbestimmungen. Das Reisen im Land wird erleichtert durch umfassende Darstellung der öffentlichen Verkehrsmittel, Autoverleihe sowie durch viele praktische Tips von der Ärztlichen Versorgung bis zu den (deutschsprachigen) Zeitungen im Urlaubsland.

Die Städtebeschreibungen, die ebenfalls alphabetisch geordnet sind, enthalten die wichtigsten Fakten über die jeweilige Stadt, deren Geschichte sowie eine Beschreibung der Sehenswürdigkeiten. Zusätzlich enthalten die Städte-Kapitel eine Fülle an praktischen Tips — von Einkaufsmöglichkeiten, Restaurants, Unterkünften bis zu den wichtigsten Adressen vor Ort. Doch auch das Hintergrundwissen für die Reise kommt in dieser Serie nicht zu kurz. Wissenswertes über die Bevölkerung und ihre Kultur findet sich ebenso wie über die Geographie, die Geschichte, die aktuelle politische Lage und die wirtschaftliche Situation des Landes.

Als besonderen Leserservice bieten die Bücher der Reihe ,,Nützliche Reisetips von A—Z'' Preisangaben in harter Währung, so daß Sie sich in Ländern mit hoher Inflationsrate eine bessere Übersicht verschaffen können. Alle im Buch genannten Preise wurden in Deutsche Mark umgerechnet.

Inhalt

Ortsverzeichnis

Allgemeine praktische Informationen

Agonda

Agonda ist ein Dorf in der südlichen Provinz Canacona. Der kilometer-
lange Sandstrand soll erst noch touristisch erschlossen werden. So fehlen bislang noch Strandkneipen und Bambushütten zum Übernachten.

Agrashala

Fast jeder Tempel ist von „agrashalas" umgeben, einfachen Unterkünften für Pilger. Mancherorts werden sie auch „dharmashalas" genannt.
Die Pilgerherbergen bieten einfache, saubere Pritschen in Mehrbettzim-
mern oder Schlafsälen. Während früher von den Brahmanen nur eine
kleine Spende erwartet wurde, fordern die meisten Agrashalas heute fe-
ste Sätze. Die Preise pro Nacht bewegen sich zwischen fünf und zehn
Rupien. Auch das ist anders als früher: Heute werden auch Andersgläu-
bige aufgenommen, solange sie sich dem Leben im Tempelbereich an-
passen.
In Goa bieten fünf Agrashalas preiswerte Übernachtungsmöglichkeiten:
* Shri Ramnath Devi Agrashala, Ramnathi, Bandidava, Ponda, Tel. 33.
* Shri Shantadurga Devasthan Agrashala, Kavlem, Ponda, Tel. 57
* Manguirish Saunsthan Agrashala, Mangueshi, Ponda, Tel. 31
* Shri Mahalsha Sansthan/Shri
  Mahalsa Temple Agrashala, Mardol, Ponda
* Shri Nageshi/Shri Nageshi Devasthan Agrashala, Bandora, Ponda

Aguada

Achtzehn Kilometer östlich von Panjim ragt an der Mündung des Man-
dovi River die Landzunge von Aguada in die Arabische See. Eine kleine
Quelle, früher das einzige Süßwasser in der Nähe, gab dem Fort seinen
Namen: „agoa" bedeutet Wasser.

---

*Malerisch: Palmen spiegeln sich in einem kleinen Teich in Salcete, der
südlichsten Provinz Goas* ▶

Aguada / **Sehenswürdigkeiten**

Fort Aguada: An strategisch günstiger Stelle, auf dem 87 Meter hohen
Gipfel „Aguada Point" der Landzunge aus rotem Lateritgestein, errichteten die Portugiesen unter der Regierung des Vizekönigs Dom Ruy Lo-
renço de Tavora von 1604-1612 das mächtige Fort Aguada. Von hier aus
kontrollierten sie die Flußmündung des Mandovi und somit den Schiffs-
verkehr zur Hauptstadt. Die Nordflanke des Forts entlang des Sinquerim
Strandes sicherten die Portugiesen mit einem eindrucksvollen Mauerring.
Von den beiden Bollwerken Maman und D. Maria ist nur noch das letzte-
re erhalten. Aus 79 Kanonenrohren konnten die Portugiesen ihre Feinde
„begrüßen". Am 2. Januar 1802 besetzten die Engländer das Fort unter
dem Vorwand, die kleine portugiesische Kolonie vor den französischen
Truppen zu schützen. Zwei Jahre später, im November 1804, okkupier-
ten sie erneut die Festung — und blieben diesmal fast neun Jahre. Während dieser Zeit wurden im Fort ein Hospital und mehrere Lagerräume
errichtet, die heute jedoch nicht mehr erhalten sind. Nach umfangreichen
Umbauten dienen die feuchten Kerkerräume jetzt als zentrales Zivilge-
fängnis.
Zur Erinnerung an die „Befreiung" Goas von den Kolonialherren, die —
wie die Eroberung — hier ihren Anfang nahm, findet alljährlich am 18.
Juni das traditionelle Flaggensetzen der indischen Nationalfahne statt.
Leuchtturm: 13 Meter hoch ist der älteste Leuchtturm Asiens. Alle sieben Sekunden rast der Lichtstrahl, der bis zu 40 km weit von den Schiffen geortet werden kann, einmal um das Wahrzeichen am Mandovi. Geöffnet von 16 bis 17.30 Uhr.
Aguada Beach: auch Candolim Beach genannt, ist der südlichste Strandabschnitt des Calangute Beach.

Alt Goa / Goa Vel(h)a

Am lebendigsten wird die Geschichte in Goa Vel(h)a, Alt Goa, rund acht
Kilometer flußaufwärts am Südufer des Mandovi gelegen. Die Hauptstadt
des portugiesisch-indischen Handelsreiches wurde bereits von dem berühmten lusitanischen Barden, Luiz Vas de Camões (1524 — 1580), als

„senhora de todo o Oriente" — Herrin des ganzen Orients gerühmt. Auf einem Quadratkilometer befinden sich hier mehr Kirchen als in Rom. So ist es nicht verwunderlich, daß es damals im Volksmund hieß: „Quem viu Goa, naõ precisa ver Lisboa — Wer Goa gesehen hat, braucht nicht mehr Lissabon zu sehen." Heute stehen vom alten „Goa dourada", dem Goldenen Goa, außer den Kapellen und Klöstern nur noch die mächtigen Kathedralen. Die Hütten und Häuser der Bevölkerung sind längst dem Monsun und der überwuchernden Vegetation zum Opfer gefallen. Um die „Heiden" von der Macht und Wahrheit der Christenlehre zu überzeugen, errichteten die Eroberer ihre riesigen Sakralbauten auf den Fundamenten der mutwillig zerstörten Hindutempel und Häuser der kleinen Handelsniederlassung von Adil Shah.

Alt Goa / **Sehenswürdigkeiten**

Die Besichtigung des Kirchenparkes im Dschungel nimmt etwa einen halben Tag in Anspruch. Als Ausgangspunkt für einen ausgedehnten Rundgang durch die imposante Anlage empfiehlt sich das verfallene **Augustinerkloster,** heute eine Ruine, von der nur noch das Fundament und der 46 m hohe Turm erhalten sind. 1587 kamen zwölf Mönche des Augustinerordens nach Goa. 1602 erbauten sie diese Kirche, die mit zu den größten Gotteshäusern der Hauptstadt zählte. Ihre weltberühmte Bibliothek zog Gelehrte aus aller Welt an — selbst Wissenschaftler aus Cambridge reisen hierher zum Quellenstudium. Wegen der repressiven Politik der portugiesischen Regierung verließen die Augustiner zu Beginn des 19. Jahrhunderts allmählich Goa. Sieben Jahre nach Aufgabe der Diözese (1842) fiel bereits das Gewölbe ein. 1931 brachen die Fassade und ein halber Turm zusammen, weitere Teile stürzten in den folgenden Jahren ein.

Ganz in der Nähe liegt Goas einziges Nonnenkloster, das **Santa Monica Konvent,** in dem noch heute einige portugiesisch sprechende Schwestern nach der strengen Ordnung des Klosters leben. Das größte und älteste Nonnenkloster in ganz Süd- und Ostasien mit Platz für 100 Nonnen entstand aus dem Machtstreit zwischen dem Franziskanerorden und den Augustinern. Später ordnete sich das erste Nonnenkloster Asiens der

Kontrolle der Augustiner unter. Für 3000 Pardaus wurde Grund und Boden erstanden, die Grundsteinlegung erfolgte am 2. Juli 1606. Der Bau mußte rasch vollendet werden, denn bereits am 3. September, nur zwei Monate später, sollten die ersten Nonnen einziehen. Ein Vorhaben, das scheiterte: Erst 1627 wurde das Kloster fertiggestellt. Neun Jahre später (1636) zerstörte ein verheerender Brand das dreistöckige Gebäude aus Laterit. Aber schon im Jahr darauf begann man mit dem Wiederaufbau. 1637 wurde der heutige Bau vollendet. Bis ins 18. Jahrhundert war der Eintritt in dieses Kloster nur Portugiesinnen oder Abkömmlingen aus lusitanisch-indischen Familien vorbehalten. Erst ein königliches Dekret hob dieses Verbot auf. Doch auch danach ging die Diskriminierung weiter: Statt schwarze mußte die indische Nonne weiße Schleier tragen und eine bedeutend höhere Mitgift bei ihrer Aufnahme an das Kloster zahlen. Über dem Portal erinnert ein Wappen an Philipp I. von Spanien — seit 1636 stand das Kloster unter königlichem Patronat. Vom Vorraum aus gelangt man geradeaus zum Kreuzgang, der offiziell für Besucher gesperrt ist — eine freundliche Bitte jedoch ermöglicht gelegentlich den Blick auf den stillen Innenhof des Klosters. Am 5. Juni 1964 eröffnete im Santa Monica Konvent das „Mater Dei Institute for Nuns". 1600 Nonnen verschiedenster Kongregationen und Länder wurden seitdem hier für die Missionsarbeit in ihren Heimatländern ausgebildet.

Links davon führt ein schmaler Gang, dessen rötliche Fliesen und Wandmalereien momentan restauriert werden, zur **Santa Monica Kirche,** berühmt und verehrt für ihr „wundertätiges Kreuz". Während einer Prozession am 8. Februar 1636, so erzählen sich die Einheimischen, habe die Figur des gekreuzigten Jesus mehrmals die Augen geöffnet und den Mund bewegt, als ob er redete; aus den Kratzern der Dornenkrone und der Nagelstelle im Rücken sei frisches Blut geflossen. Vier Tage später habe sich dieses Wunder wiederholt — im Beisein des Vizekönigs Dom Pedro da Silva, des Erzbischofs Dom Fr. Miguel Rangel und des ganzen Volkes. Eine Asphaltstraße führt den „Monte Sacro", den heiligen Berg, weiter hinauf zur ältesten Kirche in Goa: **Our Lady of the Rosary** (Kirche unserer lieben Frau vom Rosenkranz). Von ihrem Vorplatz hat man ein herrliches Panorama über den Mandovi-Fluß, die frischgrünen Reisfelder, die nahe Arabische See zur Linken und die Ausläufer der bis zu 1022 Meter hohen Westghats zur Rechten. Als Alfonso de Albuquerque (portugiesischer Seefahrer und Vizekönig von Indien) 1510 von hier aus die Schlacht gegen den Sultan von Bijapur befehligte und die kleine arabische Handelsniederlassung zu seinen Füßen eroberte, legte er einen Schwur ab: Falls er siege, wollte er genau an jener Stelle eine Pfarrkirche erbauen. Heute erinnert eine kleine Gedenktafel am Turm an sein Gelübde. Our Lady of the Rosary (Kirche unserer lieben Frau vom Rosenkranz) ist eine meisterhafte Verbindung lokaler Einflüsse mit der Kunst der Renaissance: Cashewkerne, Mango- und Ananasmotive weisen auf goanische Stileinflüsse hin; die mit manuelischen Fliesen geschmückten Bögen verraten europäisches Erbe. Das Grabmal aus weißem Marmor ist ein Meisterwerk indischer Bildhauerkunst im Gujarati-Stil.

Auf dem Rückweg über die Asphaltstraße lohnt links die **Königliche St. Antonius-Kapelle** mit ihrem beeindruckenden Garten einen Abstecher. 1543 wurde dem Nationalheiligen von Portugal hier eine Kapelle errichtet, die wie das benachbarte Santa Monica Kloster unter königlichem Patronat stand. 1835 wegen Baufälligkeit geschlossen, wurde die Kapelle 1894 und 1961 grundlegend restauriert. Im Garten sind neben typischen einheimischen Blumen und Gemüsearten auch seltenere Pflanzen zu finden. Rechts von der Kapelle steht ein Yak-Frucht-Baum. Die kürbisähnlichen Früchte der schwersten Brotfruchtart der Welt erreichen Medizinballgröße. Leuchtend rot blühen daneben im Dezember die Weihnachtssterne. Die Bananenstauden nahe des Ausgangs tragen an ihren riesigen Fruchtständen kleine, viel saftigere Früchte, als sie bei uns erhältlich sind. Wer sie jedoch hier probiert, wird gnadenlos als Dieb vor Gericht gestellt. Die Nonnen des benachbarten Klosters kennen kein Pardon.

St. John Konvent (Johanneskloster): 1685 gegründet, gaben es die Johanniter 1835 nach dem Verbot ihres Ordens auf. Bereits neun Jahre später wurde das Domizil des Laienordens zum Wohnhaus für Geistliche des Santa Monica Konvents. Nach der Restaurierung 1953 gründeten die Franziskanerinnen hier ein Heim für Alte und Behinderte.

Weiter bergab gelangt man zum einzigen Kirchenbau, der nicht weiß gekalkt wurde, sondern unverkleidet blieb: die **Bom Jesus Kathedrale.** Sie ist dem Jesus-Kinde geweiht. Bemerkenswert ist ihre flachgegliederte Barockfassade aus Laterit- und Sandstein. An die 1596 — 1602 erbaute Kirche schließt sich das **Jesuitenstift** (1589 vollendet) an. Mit seinen hohen Hallen und den langen Korridoren wirkt es heute gespenstisch leer. Damals jedoch stiegen die Jesuiten rasch zum mächtigsten Orden auf, denn der Papst hatte ihnen die Aufgabe der Missionierung übertragen. 1759 wurde der Jesuitenorden verboten, 1835 die anderen Mönchsorden. Das Eigentum fiel an den Staat.

Berühmtester Täufer und Prediger der Jesuiten war der Heilige Franz aus dem Baskenland, auf den Kirchengründungen bis nach Malakka, China und Japan zurückgehen. Wandgemälde in der ihm gewidmeten Seitenkapelle erzählen von seinem Leben und seinen Reisen:

Franz Xavier, der als erfolgreichster christlicher Missionar gilt, kam am 7. April 1504 auf Burg Xavier in Navarro zur Welt. Mit 19 Jahren zieht es den jungen baskischen Adligen zum Studium nach Paris. Seine Studienerfolge bleiben dort eher mäßig, zu sehr genießt er die Zerstreuungen der Großstadt. Dennoch wird Paris zum entscheidenden Wendepunkt seines Lebens. Hier begegnet er Ignatius von Loyola, mit dem zusammen er die Stiftung des späteren Jesuitenordens plant. Als die sieben Mönche schießlich vor dem Papst Anerkennung gefunden haben, gelingt es Ignatius von Loyola, den zunächst sehr skeptischen und zögernden Franz Xavier zu überzeugen, sich der Missionsarbeit zu widmen. So besteigt Xavier, 35jährig, 1541 schließlich die „Santiago" in Richtung Indien. Zu seinem Erstaunen findet er dort bereits an der Malabarküste eine große christliche Gemeinde vor: dreißigtausend Familien, angeblich Nachfahren jener Inder, die nur zwei Jahrzehnte nach der Kreuzigung Jesu durch den Apostel Thomas zum Christentum bekehrt worden seien. Wahrscheinlicher ist jedoch, daß es sich um eine größere Zahl Christen handelt, die im 4. Jahrhundert aus dem Zweistromland eingewandert sind. Das indische Christentum wäre damit fast genauso alt wie das römische. Dementsprechend selbstbewußt geben sich noch heute seine Anhänger.

1542 schließlich erreicht der unermüdliche Missionar Goa. Entrüstet über die haltlosen Zustände, die er dort vorfindet, schreibt er seinem König Manuel nach Lissabon: „Wenn Sie Ihren Beamten wegen ihrer Geldgier und dem ausschweifenden Leben nicht mit Kerker und Güterentziehung drohen...sind Ihre Befehle zur Förderung des Christentums vergebens." Als die erhoffte Antwort ausbleibt, kehrt Franz Xavier der Kolonie den

Rücken und wendet sich erfolgreicheren Missionsgebieten zu. Drei Jahre lang verbringt er bei den Perlenfischern an der Koromandelküste im Osten Südindiens. Dann zieht es ihn weiter nach Osten zu den Molukken. Während seiner Arbeit — manchmal mit bis zu 400 Taufen pro Tag — knüpft er Freundschaft mit einem Japaner, der ihn 1549 nach Sancian, einer China vorgelagerten Inselgruppe, führt. Hier, in seinem östlichsten Missionsgebiet, erkrankt er an einer Lungenentzündung und verstirbt am 3. Dezember 1552 im Alter von 46 Jahren, mitten in den Vorbereitungen zu einer Missionsfahrt nach China. Doch die verdiente ewige Ruhe sollte noch auf sich warten lassen. Gleich nach dem Tod des Heiligen beginnt die Irrfahrt seiner Gebeine. Zunächst auf Sancian bestattet, wurde er bald auf die Molukken überführt, da auch die dortige Diözese Anspruch auf die leibliche Hülle des Heiligen erhob. Vier Monate später wurde das Grab erneut geöffnet — der Leichnam kehrte nach Goa zurück, wo er zunächst notdürftig in einem Kasten im St. Paulus Kollegium verstaut wurde. Erst 1613, über siebzig Jahre nach seinem Tod, sprach Papst Gregor XV. Franz Xavier heilig. Der einbalsamierte Heilige erhielt seine letzte, würdevolle Ruhestätte. Cosimo II., Großherzog der Toskana, stiftete 1698 den in der rechten Seitenkapelle aufgestellten Sarkophag. Zehn Jahre lang arbeitete der Florentiner Bildhauer Giovani Batista Foggini daran. Der fein ziselierte Silberschrein, der den Sarkophag umschließt, ist die Arbeit eines einheimischen Künstlers (1636). Früher zierten wertvolle Juwelen den Schrein.

Unter dem jahrelangen Hin und Her litten die Gebeine — die Aufbewahrung im zu kleinen Sarg brach dem Heiligen sprichwörtlich das Genick. 1554 biß eine tiefreligiöse Portugiesin eine Zehe ab, um eine Reliquie Franz Xaviers zu besitzen. Während der Gläubigen dragonische Bußen auferlegt wurden, reinigten die Jesuiten die Zehe, weihten sie und bargen sie in einem separaten Schrein, der jetzt im Durchgang zum Kloster ausgestellt wird. 1615 wurde ein Teil der rechten Hand abgehackt und nach Rom in die Jesuitenkirche Chièsa S. Gesù gebracht; vier Jahre später schenkte man den anderen Teil der rechten Hand einem Jesuitenkolleg in Japan.

Alle zehn Jahre (erneut 1994) wird der Sarg feierlich geöffnet. Endlose Schlangen von Gläubigen ziehen dann andachtsvoll an ihm vorbei, bekreuzigen sich und werfen stark duftende Blüten auf die Mumie. Mutige küssen die Stirn des Heiligen. Alljährlich am 3. Dezember, St. Xaviers Todestag, verwandelt sich Alt Goa schon Wochen vorher in einen bunten Jahrmarkt, wo die Religion nur noch Auslöser für überschäumende Lebensfreude ist. Tausende von Pilgern aus allen Ecken des Landes und den Nachbarstaaten kommen mit Kind und Kegel, Bergen von Decken, riesigen Aluminiumkesseln mit vorgekochtem Essen, Haustieren und Kleinvieh und lassen sich in den Kreuzgängen der Kirchen nieder, waschen und fischen im nahen Mandovi und lauschen den Predigten, die über „Franz Xavier Sound System" bis in den letzten Winkel dringen. Und überall preisen fliegende Händler und Marketender ihre Waren lautstark an: Armreifen aus buntem Plastik, Baumwollkleider, Plastikkanister, Reismörser aus Stein, Nippes und Spielzeug. Dazwischen findet man Karren mit gerösteten Hülsenfrüchten, Kichererbsen und Erdnüssen. Fettgebackenes, noch von Öl triefend, und knallig gelb-orange Süßigkeiten locken.

Gegenüber von der Bom Jesus Kathedrale liegen (von links): St. Katharinen-Kapelle, Kirche und Kloster der Franziskaner sowie der größte Kirchenbau Goas, Sé Catédral.

St. Katharinen-Kapelle: Zusammen mit der Kirche unserer lieben Frau vom Rosenkranz ist die St. Katharinen-Kapelle das älteste christliche Gotteshaus in Goa. Alfonso de Albuquerque errichtete sie 1510 als Siegesmonument, um die Städteeroberung am Katharinentag zu feiern. Eine kleine Tafel in der Mauer neben der Seitentür hält die Erweiterung der einfachen Kapelle durch Georg Cabral im Jahr 1550 fest. 1931 schließlich läßt die goanische Regierung eine weitere Plakette anbringen. Auf portugiesisch wird daran erinnert, daß sich hier einst das Mauertor zur besiegten Moslemstadt befand. Erbaut wurde die St. Katharinen-Kapelle im Renaissance-Stil der damaligen Zeit. Ihr schlichtes Inneres birgt einen einfachen Altar mit Madonnenstatue.

Das Zentrum der ausgedehnten Missionsarbeit der Franziskaner war die **Kirche des Heiligen Franz von Assisi,** 1517 von acht Franziskanermönchen gegründet, die zunächst nur eine kleine Kapelle mit drei Altären und Chor errichteten. Nach dem Abriß dieses Vorgängerbaus entstand die heutige Kirche 1661 an gleicher Stelle. 1762 — 1765 wurde das Gotteshaus grundlegend restauriert. Die alten Wandgemälde in europäischer Tradition zeigen Szenen aus dem Leben des Heiligen Franz; der ornamentale Schmuck der Bögen und Wandflächen ist rein hinduistisch. Die Weihwasserbecken am Eingang sind Säulenreste eines Hindutempels, der bei der Eroberung 1510 zerstört worden war. Aufmerksamkeit verdient der Fußboden — die Familienwappen der alten Grabplatten gehen bis auf das frühe 16. Jahrhundert zurück. Der Hauptaltar erinnert an das Gelübde der Mönche: poverità, humilità, obedienza — Armut, Demut, Gehorsam.

Im ehemaligen **Franziskanerkloster** befindet sich heute das **Archäologische Museum.** Es wurde 1964 vom Archaeological Survey of India angelegt. Vor dem Eingang vermittelt die Bronzestatue von Alfonso de Albuquerque einen Eindruck, wie der mächtige Eroberer von Goa, dessen erster Gouverneur er auch bis 1513 war, ausgesehen haben mag. Die klei-

Relikte aus der Kolonialzeit in Alt Goa: St. Katharinen-Kapelle, Kirche des hl. Franziskus von Assisi und Sé-Kathedrale (von links)

ne Sammlung umfaßt Portraits zahlreicher portugiesischer Vizekönige, ein Modell einer portugiesischen Karavelle (mittelalterliches Segelschiff), an der leider die Takelage fehlt, sowie steinerne Vetalbilder (Kultbilder) des Animistenkultes.

Mit 86 Meter x 56 Meter Grundfläche ist **Sé Catédral** der größte Kirchenbau Goas. Begonnen 1562 unter König Dom Sebastaio (1557 — 1578), dauerte die Bauzeit genau hundert Jahre — bis 1662. Die Dominikaner finanzierten den langwierigen und teuren Bau aus Verkäufen königlicher Landgüter und Schätze. Das achteckige Taufbecken rechts vom Eingang wurde aus einem einzigen Granitblock geschlagen. Franz Xavier soll darin getauft haben. Links vom Eingang zeigt ein riesiges Wandbild den — inzwischen nicht mehr heiligen — Christopherus mit dem Jesusknaben auf der Schulter. Der in die Pfeiler eingelassene Marmor wurde aus Italien eingeführt, er stammt aus Carrara. Der Hauptaltar (1652) ist der Heiligen Katharina von Alexandrien gewidmet. Die legendäre Märtyrerin, eine der 14 Nothelfer, gilt als Schutzpatronin der Philosophen. Ihre Kennzeichen sind die Siegespalme, das Rad mit den spitzen Messern und ein Buch. An ihrem Namenstag, dem 25. November, zog früher eine Prozession von der St. Katharinen-Kapelle zum St. Katharinenaltar, wo ein Hochamt abgehalten wurde. Anschließend wurde ein riesiges Volksfest gefeiert. Die Orgel neben dem Hauptaltar stammt aus dem 18. Jahrhundert. Rechts vom Hauptaltar liegt der Zugang zur Sakristei. Dort erzählen Malereien aus dem Leben der Heiligen Katharina. Auf dem vergoldeten Altar steht ein Modell vom Petersdom zu Rom. Die 14 Seitenaltäre sind unterschiedlich gut erhalten, sollen jedoch aus den Spendeneinnahmen zum Papstbesuch restauriert werden. Die Fassade besaß ursprünglich zwei Türme; der nördliche fiel jedoch bereits am 25. Juli 1776 in sich zusammen. Im heutigen (südlichen) Turm befindet sich neben vier weiteren Glocken die „Goldene Glocke", die größte Glocke Goas. Sie wurde in dem kleinen Ort Cuncolim gegossen und 1652 aufgehängt. Während der Inquisition läutete sie bei jedem Autodafé (Ketzergericht und -verbrennung). Ihren stolzen Namen verdankt sie einem Gedicht von Tomas Ribeiro: „sino de ouro" preist er sie wegen ihres unnachahmlich vollen Klanges. Die Sé-Kathedrale ist übrigens das einzige Bauwerk im manuelischen Stil, das noch in Asien erhalten ist.

Nordwestlich von der Kathedrale steht der **Erzbischöfliche Palast,** eine prunkvolle Residenz, die noch gelegentlich benutzt wird. Südöstlich davon lag das Gebäude der Inquisition mit seinen Kerkern. 1560 eingerichtet, wurde sie erst 1812 verboten. Doch heute sind jegliche Spuren dieser unheilvollen Stätte, in der zwischen 1561 und 1774 genau 16 172 Todesurteile vollstreckt wurden, verschwunden. Die Autodafés der Inquisition fanden außerhalb der Stadtmauern auf dem Campo Lazaro statt. Seit dem Papstbesuch 1986 befindet sich hier ein Hubschrauber-Landeplatz, umgeben von Bananenplantagen und Palmenhainen.

Südlich von der Inquisition lag die „Misericordia" mit der Kirche Nossa Senhora de Serra. Albuquerque hatte sie selbst in Erfüllung eines in Seenot abgelegten Gelübtes gestiftet; ursprünglich war er auch dort beigesetzt. Von dort aus führt die Rua Direita zum Flußufer und zum Palast des Vizekönigs. Der Bogen des Vizekönigs, **Ribeira dos Vizereys,** steht über dem Anlegeplatz, von dem aus heute gelegentlich noch Boote Richtung Panjim ablegen. Früher betrat jeder Vizekönig, der nach Goa kam, durch den ehemaligen Torbogen vom Palast des besiegten Adil Shah die blühende Stadt. Im Westen davon lag der Kai der Galeeren, Ribeira des Galés; im Osten befanden sich das Zollhaus und der Große Basar. Auf dem Bogen ist die Heilige Katharina abgebildet. Ihr unterwirft sich Yusuf Adil Shah, dessen Städtchen Albuquerque 1510 erobert hatte.

Vom **Palast des Vizekönigs,** in alten Reiseberichten als prächtigstes Gebäude der Stadt gerühmt, ist nur das Portal, im Stile Bijapurs gestaltet, erhalten geblieben. Nach der Verlegung der Residenz begann der 1472 begonnene Bau langsam zu verfallen, bis 1820 sein Abriß verordnet wurde. Die Lateritquader wurden zum Hausbau nach Panjim abtransportiert.

Die Hauptkirche des italienischen Theatinerordens, **St. Kajetan,** beschließt den Rundgang. Papst Urban III. hatte die Theatiner 1655 ausgesandt, um das Christentum ins Königreich Golconda (bei Hyderabad) zu bringen. Als die Ordensbrüder dort keinen Einlaß erhielten, ließen sie sich 1640 in Goa nieder. Ihre Kirche bildeten sie den Originalgrundrissen des Petersdomes zu Rom nach. Statt der sechs Kuppeln fügten sie zwei Türme hinzu. Die Fassade ist gearbeitet aus rotem Laterit mit Mörtelbewurf. In großen Lettern prangt die Inschrift:„DOMUS MEA DOMUS ORATIO-

NIS" (Mein Haus ist ein Haus des Gebetes) über dem Eingang. Das da-
zugehörende Kloster dient heute als Seminar.

Wer über mehr Zeit und Muße verfügt, sollte auch die nachstehenden,
etwas verstreuteren Sehenswürdigkeiten in Alt Goa aufsuchen.

Entlang der Straße nach Ponda liegen das Tor des St. Paulus Kollegi-
ums, die Franz Xavier Kapelle sowie, linkerhand den Hügel hinauf, die
Kirche Unserer lieben Frau vom Berg. Über die Ausfahrtsstraße Richtung
Pilar gelangt man zu Kirche und Kloster des Wundertätigen Kreuzes. Der
alte Pranger ist an der Straße nach Neura zu besichtigen. Richtung Kum-
barjuva schließlich liegt die Karmeliterkirche.

Tor des St. Paulus-Kollegiums: Der Torbogen ist das einzige Überbleibsel
des einst so berühmten Jesuitenseminars. 1542 eröffnet, soll das Seminar auf dem Fundament der zerstörten Hauptmoschee von Adil Shahs
moslemischer Handelsniederlassung errichtet worden sein. Über 200 Jahre lang unterrichteten hier die Jesuiten in allen christlichen Wissenschaften. Der Besuch des Seminars stand jedem Interessierten ohne Ansehen der Religion oder Nationalität offen. Nach Ausbruch der Malaria-
Epidemie von 1750 gaben die Jesuiten den Unterrichtsbetrieb auf, blieben aber in dem Gebäude, bis die Regierung 1832 den Abriß anordnete
und die Steine zum Hausbau nach Panjim abtransportieren ließ. Berühmtester Lehrer des St. Paulus-Kollegiums war Franz Xavier, der in der an-
geschlossenen Kollegiumskirche um 1544 häufig predigte.

Im St. Paulus-Kollegium stand auch die erste Buchpresse Indiens. Die
Jesuitenpater druckten dort die erste gesamtindische Veröffentlichung,
die „Conclusiones Philosophicas".

St. Xavier Kapelle: Unweit des St. Paulus-Kollegiums liegt der kleine,
mit Kalkmörtel verputzte Bau. Als Franz Xavier 1622 heilig gesprochen
wurde, weihte man ihm diese Kapelle, die von 1545 bis 1570 als Kultraum
für das Kollegium gedient hatte. Die heutige Kapelle, erst 1884 errichtet,
ersetzt detailgetreu den baufällig gewordenen Originalbau.

Kirche unserer lieben Frau vom Berg: 1510 von Alfonso de Albuquerque gegründet, ist nach dem dreifachen Umbau kaum noch etwas von
dem ursprünglichen Bau erhalten geblieben. Das Innere birgt drei Altä-
re, den Heiligen Maria, Andreas und Antonius geweiht.

Kloster und Kirche des Wundertätigen Kreuzes: Von der ursprünglichen Heimstatt des wundertätigen Kreuzes, das heute in der Kirche des
Santa Monica Konvents hängt, steht nur noch die Fassade. 1619 hatten
die Karmeliter die Kirche, 1621 das Kloster gegründet. Nach ihrer Aus-
weisung 1707 verfielen die Gebäude.
Von der erhöhten Terrasse, die einst als Altarsockel diente, belohnt ein
weites Panorama für den Abstecher hierher.

Pranger: Der einsame Pfeiler an der Straße nach Neura, ursprünglich
Teil eines Hindutempels, diente den portugiesischen Kolonialherren als
Pranger. Bis Ende des 17. Jahrhunderts wurden hier Gesetzesbrecher
wie Diebe und Betrüger öffentlich ausgepeitscht. Schwere Eisenringe,
die fest in dem Basaltpfeiler verankert waren, machten eine Flucht unmöglich. Bei schwerwiegenderen Sünden wurden die Verbrecher anschließend in die feuchten Verliese des Fort Aguada eingesperrt.

Alt Goa / **Praktische Informationen**

Anreise: Regelmäßiger Busverkehr besteht von Panjim aus; die Fahrzeit
beträgt eine halbe Stunde. Die meisten Fernbusse der Strecke Panjim
— Ponda halten ebenfalls in Alt Goa.
Zu besonderen Fest- und Feiertagen besteht Fährverkehr von Panjim aus.
Fahrzeit: 45 Minuten.

Unterkunft: Es gibt keinerlei genehmigte Übernachtungsmöglichkeiten.

Anjadiv

Die 1,6 Kilometer lange und nur 300 Meter breite Felseninsel liegt im äußersten Süden Goas nahe der Staatsgrenze zu dem Bundesstaat Karnataka. Die Westküste, meist steil und zerklüftet, ist vollkommen unfrucht-
bar. An der Ostküste dagegen liegen malerische Dörfer mit Kokos-,
Zitronen-, Apfelsinen- und Mangoplantagen. Eine kleine, mit Granitqua-
dern eingefaßte Quelle beliefert die Insel mit Frischwasser. Wie schon
beim Fort Aguada, so hebt auch hier die goanische Geschichtsschreibung rühmend hervor, daß auf der kleinen Insel in der Arabischen See
1961 die Befreiung Goas begonnen habe. Bis dahin hatte die Insel den

Portugiesen als Strafkolonie für unbequeme Goanesen gedient, die hier Strümpfe strickend am Aufstand gegen die Besatzer gehindert wurden.

Die **Festung,** 1682 von den Portugiesen angelegt, dominiert die Insel. Vergeblich versuchten die Marathen unter Sambhaji noch im selben Jahr, das Fort zu stürmen und die Insel zu unterwerfen, von der sie einige Jahre zuvor vertrieben worden waren.

Die Inselkirche **Nossa Senhora das Brotas** ist ein Unikum: sie besitzt weder Pfarrer noch Gemeinde.

Anreise: Der einzige Hafen der Insel liegt in einer kleinen Bucht in der Mitte der Ostküste.

Anjuna

Knapp zehn Kilometer von Mapusa entfernt, liegt Anjuna, das bei der „Szene" in der ganzen Welt ein Begriff ist: Jeden Mittwoch findet direkt am Strand ein Hippie-Markt statt — wenn die Polizei nicht gerade eine Razzia durchgeführt hat. Aus ganz Indien kommen die Händler, um indisches Kunsthandwerk, Souvenirs, Kitsch und Kunst zu verkaufen: Frauen aus Rajasthan und Karnataka, übermäßig behängt mit schwerem Silberschmuck an Händen, Haaren, Ohren und Beinen, mit unzähligen Elfenbein- und Plastikringen an den Oberarmen und ihren leuchtend roten Taschen, bunten Patchworkquilts und Kameldecken. Selbst Tibetaner zieht es im Winter hierher. Sie bieten Silberwaren, Jadearbeiten und handgeschnitzte Götterfiguren aus Speckstein, Holz oder anderen Materialien an. Dazwischen sieht man europäische Gesichter: Junge Frauen mit Selbstgeschneidertem in grellen, poppigen Farben; eine Schweizerin präsentiert ihre second-hand Miederwäsche auf einer zwischen den Palmen gespannten Leine. Gedränge herrscht bei George, der vor sechs Jahren aus Südengland ausgewandert ist, eine Goanerin geheiratet hat und jetzt als Bäcker hier seinen Lebensunterhalt verdient. Seine „brownies" und „doughnuts" sind wahre Genüsse. Nebenan preist ein blonder Hüne lautstark „real German Schwarzbrot" an; genauso eine Rarität in Goa wie der handgemachte Käse von François.

Ebenso bekannt wie der wöchentliche Flohmarkt ist die traditionelle Weihnachtsparty am Strand, die Globetrotter aus aller Welt anlockt.

Der schmale, knapp fünf Kilometer lange Sandstrand wird im Norden begrenzt vom **Chapora Fort,** einer 1717 von Graf Ericeira erbauten Festung, die die Mündung des Chapora-Flusses kontrollierte. Heute ist die Ruine ein beliebter Aussichtspunkt. Um die Felsklippe im Süden führen zwei schmale Wege nach **Baga:** entweder über den Hügel oder etwas oberhalb des Meeres entlang.

Anjuna / **Praktische Informationen**

Essen und Trinken: Entlang der Küste finden sich unzählige Strandkneipen und kleine Restaurants. Nicht nach der Küche, sondern nach den Gästen sucht man sich hier sein Lieblingslokal. Als einziges allseits beliebt ist das Garden Restaurant, das ausgezeichnete Fischgerichte anbietet. Abseits gelegen und dadurch schwieriger zu finden ist Gregory's, unter Insidern „the star of Anjuna" genannt. „Gregory's", der nur abends geöffnet hat (dafür umso länger ...), bietet auf seiner Karte nur westliche Gerichte zu leicht gehobenen Preisen.

Übernachtung: Von November bis März, in der Hauptreisezeit, sind die Hütten an Langzeiturlauber vermietet und die wenigen Hotels an der Kreuzung nach Chapora ausgebucht. Kurzum: Hier ein Zimmer zu mieten, erfordert eine Portion Glück — und die Bereitschaft, einige Tage zu warten und notfalls unter freiem Himmel zu schlafen. Um das Gepäck kümmern sich gerne (gegen einige Rupien) die Restaurantbesitzer. Und um das, was Aussteiger und Polizei gleichermaßen anlockt — „ganja": Rauschmittel wie Magic Mushrooms (Haschischpilze), Afghan, Biscuits (Haschischkekse) und andere Verführer ins Jenseits — kümmern sie sich ebenfalls.

Anreise

Von Deutschland aus wird Dabolim Airport, das Tor zu Goa, direkt einmal wöchentlich angeflogen. Preisgünstiger ist jedoch ein Non-Stop-Flug von allen großen deutschen Flughäfen nach Bombay. Dort kommt man

auf dem Sahar International Flughafen an. Vom Santa Cruz Flughafen
fliegt man dann weiter nach Dabolim. Die Flugzeit nach Bombay beträgt
rund 8,5 Stunden. Von dort aus bestehen täglich Flugverbindungen nach
Dabolim mit Flugzeit von knapp einer Stunde. Bei der Ausreise aus Indien wird eine Flughafensteuer von 300 Rupien (etwa 30 DM) erhoben.
Der preiswerteste Weg für Einzelreisende, nach Goa zu gelangen, führt
über Graumarkt-Tickets, die leicht über Studenten- oder Alternativreise-
büros zu erhalten sind. Innerindische Tickets sind relativ preiswert. Di-
rektflüge nach Bombay sind ab 1440 DM erhältlich.
Seit 1987 fliegen große Reiseunternehmen die Traumküste an der Arabischen See an.

Ärztliche Versorgung

Internationale Krankenscheine werden in Indien nicht anerkannt. Im Krank-
heitsfall vermittelt die Rezeption einen Arzt (häufig wohnt er sogar im
Haus), der notfalls an das private Krankenhaus in Panjim überweist. Hier
befindet sich auch die medizinische Hochschule. Die Arzthonorare in Indien liegen weit unter dem Satz für eine vergleichbare Leistung in Deutschland. Da vor Ort bar zu zahlen ist, muß die Rechnung unbedingt detail-
liert die Behandlung und die verabreichten Medikamente aufführen. In
Deutschland werden die Kosten von den Kassen anstandslos erstattet —
nach den üblichen deutschen Sätzen.
Für Goa besteht zur Zeit keine generelle Impfpflicht. Vorgeschrieben ist
dagegen eine Gelbfieberimpfung für Reisende, die sich in der letzten Zeit
in einem Infektionsgebiet aufgehalten haben. Unbedingt zu empfehlen
ist eine Malaria-Prophylaxe. In Goa soll eine Resistenz gegen Chlorochin-
Präparate bestehen, daher sollte man möglichst Resochin mit einem weiteren Malariaschutz kombinieren. Aktuelle Empfehlungen erteilt jedes Tro-
penkrankenhaus. Nach der Rückkehr in Deutschland muß die Einnah-
me noch sechs Wochen wegen der langen Inkubationszeit fortgesetzt wer-

◀ *Inderin vor einer der zahlreichen Parolen, die Konkani als offizielle
Landessprache in Goa fordern*

den. Anzuraten ist ferner eine Tetanus- (Wundstarrkrampf-), Typhus- und
Choleraimpfung. Alle erforderlichen Medikamente sind in Goa erhältlich
und dort weitaus billiger.

In die **Reiseapotheke** gehören: verschreibungspflichtige Medikamente,
Kohlekomprimetten gegen Durchfall und Desinfektionsmittel für kleinere
Wunden. Anzuraten ist die Mitnahme von ausreichend Sonnencreme mit
einem hohen Lichtschutzfaktor sowie eine kleine Flasche Insektenschutz-
mittel.

Arambol

Ganz im Norden nahe der Staatsgrenze zu dem Bundesstaat Maharashtra gelegen, ist dieser Strand vom Pauschaltourismus noch völlig unberührt. Nur einige Langzeitaussteiger haben hier ihre Hütten aus Kokosmatten errichtet oder sich ein einfaches Zimmer bei den Einheimischen
für lächerlich wenig Geld angemietet. Der Strand teilt sich in zwei Ab-
schnitte. Direkt am gleichnamigen Dorf zieht er sich lang und breit bis
an die Mündung des Chapora-Flusses hin. Strandläufer können sich dort
für zehn Rupien von den Fischern übersetzen lassen und ihre Wanderung über Vagator und Anjuna bis nach Calangute fortsetzen. Nach Norden wird die Küste felsiger, zerklüfteter; kleine Buchten überwiegen. Ein
schmaler Weg führt an den Klippen vorbei zum Strandabschnitt **Arambol Lake Side,** so benannt nach einem kleinen Süßwassersee, der von
den Aussteigern als natürlicher Waschplatz umfunktioniert und dadurch
inzwischen verdreckt wurde. Hier sind die westlichen Jugendlichen völlig unter sich, ungestört von den neugierigen Indern, die in Busladun-
gen zum Vagator-, Baga- und Calangute Strand pilgern, um die weißen
Frauen „oben ohne" zu bestaunen und mit billigen Pocketkameras zu
knipsen. Wieder daheim, werden diese Schnappschüsse zu horrenden
Preisen verkauft.

Arambol / **Praktische Informationen**

Anreise: Von Mapusa besteht stündlicher Busservice nach Siolem. Mit
der Fähre fährt man weiter nach Chopdem, wo bereits der Anschlußbus
Richtung Arambol wartet.

Essen und Trinken: Direkt im Ort gibt es rund zehn Çay-Shops, die auch einfache indische Gerichte mit stark europäisierten Zügen anbieten. Auf halbem Weg nach Arambol Lake Side thront über den Klippen ein beliebtes Strandrestaurant mit recht guter Küche.

Arambol Lake Side: →*Arambol*

Arvalem

Arvalem ist 44 Kilometer nördlich von Panjim in einer sanften Hügellandschaft gelegen. Die Legende berichtet, daß hier einst die Pandavas im Exil gelebt hätten.

Sehenswürdigkeiten

Arvalem Caves: In diesen Höhlen wurden Inschriften in der Brahmi-Schrift gefunden. Sie lieferten den Nachweis für die frühe Zivilisation von Sanchipure um 100 vor Christus, die bislang in dieser Gegend nur vermutet worden war. Bei den Ausgrabungsarbeiten förderten die Archäologen ferner eine alte Buddha-Statue zutage. Zu besichtigen sind drei Haupthöhlen, die untereinander verbunden sind, sowie eine Wohnkammer.

Arvalem Waterfalls: Von den Tempelhöhlen führt eine kleine Treppe zu einer Plattform, von der aus sich die beste Sicht auf die Wasserkaskaden bietet. Der Saleli-Fluß fällt hier 24 m tief in ein Becken ab, in dem Inder gerne baden und sich von den herabstürzenden Wassermassen beprasseln lassen. Kurz nach der Regenzeit lohnt sich ein Ausflug zu den Wasserfällen am meisten.

Auskunft

In Deutschland: Indisches Fremdenverkehrsbüro, Kaiserstraße 77, 6000 Frankfurt/Main, Tel. 0 69/23 54 23

In Österreich: Opernring 1, 1010 Wien, Tel. 2 22/57 14 62

In der Schweiz: 1-3, rue de Chantepulet, 1201 Genf, Tel. 22/31 56 60

In Goa: →*Touristeninformation*

Ausrüstung

Das ganze Jahr hindurch ist es in Goa gleichmäßig warm und feucht. Jegliche Synthetikkleidung sollte man daher zu Hause lassen. Zu empfehlen ist leichte und luftige Bekleidung aus Baumwolle, Seide und Leinen. Weiße Sachen sollte man daheim im Kleiderschrank lassen — sie erhalten von den indischen Waschmitteln leicht einen Grau/Blau-Schleier. T-Shirts, knallbunte Baumwollröcke und legere Freizeithemden lassen sich auch spottbillig in Goa erstehen. Eine wahre Fundgrube dafür sind die Märkte in den Städten und die Straßenhändler entlang der Strände. Mit ins Reisegepäck gehören unbedingt auch Badesachen, denn FKK ist nicht nur verpönt, sondern polizeilich verboten. Für den abendlichen Besuch von Restaurants oder Nachtclubs sollten Männer lange Hosen und langärmelige Hemden samt Binder einpacken. Es gilt als ausgesprochen unfein, in einem guten Restaurant mit offenem Hemdskragen zu erscheinen. Frauen in Shorts riskieren, zum Ausgang gewiesen zu werden. Da in den meisten Restaurants die Klimaanlage auf Hochtouren läuft, sollte man ein leichtes Jacket, eine dünne Strickjacke oder einen Pullover mitnehmen.

An Schuhwerk sind leichte Schuhe und Badelatschen zu empfehlen. Die goanischen Schuhmacher haben zudem ein ausgesprochenes Talent, westliche Schuhmode spottbillig in hervorragender Qualität zu kopieren — die Lieblingsschuhe einpacken und nachfertigen lassen. Das gleiche gilt auch für die Schneider, die ihre Buden inzwischen überall in der Nähe der großen Hotels errichtet haben.

Unbedingt mitnehmen sollte man ausreichend Foto- und Filmmaterial samt Durchleuchtungsschutz.

Auch Insektenschutz wie Autan ist schwer im Lande erhältlich, ebenso hygienisch verpackte Tampons oder Binden und Niveacreme.

Sehr nützlich sind Adapter mit verschiedenen Steckervorrichtungen, denn in Goa herrscht ein kunterbuntes Wirrwarr an Steckerverbindungen und Steckdosenmodellen.

Für Tempelbesuche empfiehlt sich ein großes Tuch, das über die nackten Schultern oder Beine geschlungen werden kann.

Tito's Restaurant am Baga Beach bietet außer gutem Essen auch ein stimmungsvolles Ambiente ▶

Ausweispapiere: →*Dokumente*
Autovermietung: →*Reisen im Land*

Baga

Der nördliche Strandabschnitt des Calangute Beach ist fest in der Hand
der alternativen Szene und der Individualtouristen. Die Münchner Schickeria steigt hier in Baga gerne einmal für ein bis zwei Wintermonate aus
— wenn auch edler als die Hippies der 60er Jahre, von denen nur noch
einige Hartgesottene mit ihren Harley-Davidsons durch die Gegend knattern.

Baga / **Praktische Informationen**

Essen und Trinken: „Tito's" (auch: Richdavy Restaurant), zwischen Baga und Calangute mitten in den kleinen Dünen gelegenes Restaurant
mit großer Terrasse, das Dach trägt den Namen des Inhabers. Die Preise sind etwas höher als in den anderen Restaurants. Es handelt sich hier-
bei um einen beliebten Treff der Münchner Schickeria und Geiselgasteig-
Szene — hier lassen sich Fernsehstars und Sternchen „live" erleben.
Das gleiche gilt auch für „Good Luck", weiter strandaufwärts Richtung
Baga Cliff.
Casa Portuguesa: gehobene Preisklasse, eher mittelmäßige Küche trotz
großer Auswahl an goanisch-lusitanischen Gerichten.
St. Anthony's: Bagas Schlemmer-Treff, besonders für Naschkatzen zu
empfehlen.
Jack's Bar & Restaurant: direkt am Ortseingang von Baga gelegen.
Nachtleben: Coco Banana: Hier ist regelmäßig jeden Sonnabend „Dis-
co Night".
Haystack: Jeden Freitag findet hier ein Showabend mit Essen, Tanz und
Gesang zum Komplettpreis von 120 Rs statt. Das Etablissement gehört
Remo, dem berühmtesten Popsänger Goas, der bereits auch für deut-
sche Schlagersänger einige Hits komponiert hat. Gelegentlich betritt er
selbst die Bühne — dann drängeln sich die Goaner um die Plätze im von
Fackeln beleuchteten Garten. Eine Voranmeldung ist empfehlenswert.

Übernachtung: Das Gros der Urlauber mietet sich preiswert Zimmer oder Hütten von den Einheimischen.

Hotels: Baia do Sol: modernes Hotel mit beeindruckender Gartenanlage, Zimmer im Hauptgebäude und in Cottages.

Riverside Cottages, abseits vom Strand am Fluß gelegen, alle Zimmer mit Bar, Hotelrestaurant, Bar. Einfachere, billigere Cottages, ebenfalls zur Anlage gehörig, liegen auf der anderen Flußseite, erreichbar über eine monströse Brücke aus Beton.

Villa Goesa: kleine, schlichte Bungalowanlage, zwei Minuten vom Strand entfernt.

Captain Lobo's Beach Resort: 1988 eröffnete Hotelanlage mit 30 freistehenden, zweistöckigen Appartementhäusern. Bar und Restaurant befinden sich im Zentralgebäude.

Bahnverbindungen: →*Reisen im Land*

Baina

Der Stadtstrand von Vasco da Gama mit dem Namen Baina an der Mündung des Zuari ist weniger zum Baden als zum Bummeln zu empfehlen. Am anderen Ufer liegt das Hafenbecken von Mormugao.

Bakshish

Trinkgelder, „Bakshish" genannt, werden in Goa immer erwartet und manchmal auch recht frech gefordert. In Indien schafft das Trinkgeld erst die Voraussetzung zum Erbringen einer Leistung: Man zahlt nicht, wie in Deutschland, für die erbrachte Dienstleistung ein „Dankeschön", sondern motiviert erst mit dem Geld dazu, zahlt im voraus. Daher sind die Bediensteten auch recht mürrisch, wenn nach einem Auftrag kein Entgelt kommt. Das Trinkgeld muß sich an der Einkommensstruktur des Landes orientieren, auch wenn es uns, in Mark umgerechnet, sehr wenig erscheint.

Ein Anhaltspunkt: Ein Bauarbeiter verdient zehn bis zwanzig Rupien pro Tag. Drei Rupien für den Kofferträger oder Zimmerkellner sind durchaus nicht zu wenig. Tempelpriester, selbsternannte „Guides" (Führer), Schlangenbeschwörer, Wasserträgerinnen und andere malerische Einheimische stellen oft überzogene, unverschämte Forderungen, denen man auf keinen Fall nachkommen sollte — halbieren Sie erst einmal die Summe, die sie fordern.

Bandora (Bandode)

Vier Kilometer östlich von Ponda befindet sich eines der ältesten Hindudörfer Goas. In dem 7000 Einwohner zählenden Ort sind mehrere bedeutende Kultstätten zu besichtigen.

Bandora / **Sehenswürdigkeiten**

Shri Naguesh-Tempel: Dieser Tempel ist dem Gott Shiva gewidmet. Man findet hervorragende Holzschnitzereien mit Darstellungen aus der Ramayana auf der einen Seite der Tempelgalerie, auf der anderen Abbildungen in Holz von den Halbgöttern Astadikpal und Gandharva.

Die nächsten beiden Tempel wurden bewußt gegenüberstehend errichtet.

Shri Mahalakshmi-Tempel: Dies ist die Heimstatt der Göttin des Shakti-Kultes. Ihren Ursprung führt die Sekte auf die Bhagavad-Gita, das Kernstück des indischen Nationalepos Mahabharata, zurück. Dort steht geschrieben, daß eine Gottheit nicht mit den Sinnen, sondern nur durch vertrauensvolle Hingabe, dem „bhakti", zu erfahren sei. Die Kultfigur der Gemahlin Vishnus wurde aus schwarzem Marmor geschaffen. Die Sabhamandap mit ihrer Galerie mit 18 von insgesamt 24 Erscheinungen der Bhagvata Sekte ist ein seltenes Beispiel für Darstellungen der Gottheit Vishnu in Holz. Heute steht hier nur eine Kopie, das Original befindet sich im Museum. Dieser Mahalakshmi-Tempel ähnelt sehr stark dem Mahalakshmi-Haupttempel in Kolhapur. Mahalakshmi ist hier als friedliche oder satvika-Erscheinung der Gottheit mit einer Linga (Phallus als Sinnbild Shivas, des Gottes der Zeugungskraft) auf ihrem Kopf dargestellt. In jeder ihrer vier Hände trägt sie eines ihrer Attribute — Topf, Schild,

Keule und Frucht. Die Göttin Mahalakshmi wurde besonders von den Shilahara-Herrschern (750 — 1030 vn.Chr.) und den frühen Kadamba-Königen verehrt.

Ramnath-Tempel: Ramnath ist ein anderer Name für Rama, die achte Inkarnation Vishnus. Außerhalb der Mauern des weitläufigen Tempelbezirkes liegt der Tempelsee. Ein strahlend weißer Dipmal, der für Goa typische Steinlampenpfeiler, steht hoch aufgerichtet neben dem Eingangstor. Rechts und links der langgestreckten Versammlungshalle erstrecken sich einfach und modern eingerichtete Unterkünfte für Pilger, sogenannte „agrashalas". In der Mitte der Versammlungshalle, der „sabhamandapa", befindet sich eine große Bühne, auf der bei hinduistischen Feiertagen religiöse Spiele aufgeführt werden. Der heiligste Bereich, das „garbhargriha", birgt ein Unikum: Neben einem Lakhsmi- und einem Ramnath-Bildnis ruht eregiert das Symbol Shivas, die Lingam.

Shri Kashi Math: Auf einem Hügel liegt die Hinduklosterschule der Madhwa-Sekte, die besonders in den westlichen Unionsstaaten vertreten ist.

Bandora / **Umgebung**

Gopal Ganapati-Tempel: Der unweit auf einem Hügel gelegene, Ganesha geweihte Tempel, wird von den Einheimischen „Farmagudi" genannt. →*Farmagudi*

Banken

In Goa gibt es knapp 300 Banken; selbst in kleineren Dörfern sind Filialen der größten indischen Bankinstitute vertreten. Die Öffnungszeiten sind uneinheitlich. Sie richten sich meist nach den üblichen Geschäftszeiten vor Ort. Zu den größeren Banken, die Devisenumtausch, Überweisungen und Buchungen nach Europa übernehmen, gehören:

Bank of Baroda, gegenüber Azad Maidan, Panjim, Tel. 29 91, 30 03. Zweigstellen in: Margao, Mapusa, Vasco da Gama, Calangute.

Bank of India, gegenüber Azad Maidan, Panjim, Tel. 29 12; Filiale Campal: Tel. 32 68. Zweigstellen in: Margao, Mapusa, Vasco da Gama.

Central Bank of India, Rua Alfonso de Albuquerque, Panjim, Tel. 23 89.
Zweigstellen in: Mapusa, Margao, Vasco da Gama.
State Bank of India, Panjim, Tel. 23 04, 24 68. Zweigstellen in: Mapusa,
Margao, Vasco da Gama, Calangute.

Benaulim

Benaulim ist ein ruhiger Sandstrand mit Dörfchen zwei Kilometer südlich von Colva an der Colva Beach.

Benaulim / **Praktische Informationen**

Essen und Trinken: Empfehlenswerte kleine Snackbars und Schnellre-
staurants sind Bar Dominik, Sailor's Bar, Seshaa Restaurant, Satkar Tea
House, Mayrose Restaurant und Fridola's Restaurant. Darüber hinaus verfügt Benaulim über mehrere Speiserestaurants unterschiedlichster Qualität. Empfehlenswert sind das populäre Strandrestaurant „Pedro's" trotz
seiner extrem langsamen Bedienung sowie das Hotelrestaurant des
L'Amour Beach Resort, das kleine, aber exzellent zubereitete Portionen
anbietet.

Übernachtung: L'Amour Beach Resort: Zimmer mit Bad und Ventilator,
angegliedertes Restaurant, dicht am Strand.
O Palmar Beach Cottages: gegenüber des L'Amour Beach Resorts, na-
he am Strand, Zimmer mit Bad und Ventilator. Falls die Rezeption nicht
besetzt ist, sollte man beim Strandrestaurant „Pedro's" nachfragen.
Brito's Tourist Home: im Ortszentrum, 10 Minuten zum Strand, große An-
lage mit einfachen, sauberen Zimmern.
Palm Grove: neben Domnik's Bar.
Trinity High School: häufig ausgebucht, da nur wenige, sehr preiswerte
Zimmer, 20 Minuten zum Strand.

Betul

Betul ist ein malerisches Fischerdorf am Ende des Benaulim Beach. Der
Hafen an der Mündung des Sal-Flusses ist aufgrund der geringen Wassertiefe (unter zehn Meter) nur für Segel- und Fischerboote zugelassen.

Bevölkerung

1 007 749 Goaner wurden 1981 beim letzten Zensus, der alle zehn Jahre stattfindet, gezählt — davon sind noch rund die Hälfte Katholiken, ein Drittel Hindus sowie Moslems. Hindi, Englisch, Portugiesisch, Konkani und Marathi, die Landessprache des mächtigen Nachbarstaates Maharashtra, gelten als gleichberechtigte Sprachen der Einwohner des 3702 Quadratkilometer großen Unionstaates. Für indische Verhältnisse geht es den Goanern ausgesprochen gut. Nach Delhi verfügen die Goaner über das höchste Jahreseinkommen, pro Kopf 3500 Rupien. Der Durchschnitt in Indien liegt bei 2500 Rupien. Zum Vergleich: Eine Straßenarbeiterin, die die Steine in runden Messingschalen abträgt, wird mit zwei Rupien am Tagesende entlohnt. Seinen „Reichtum" verdankt Goa neben der guten Agrar- und Infrastruktur aus kolonialer Zeit besonders dem wachsenden Tourismus und den Überweisungen aus den Golfstaaten, wo mindestens ein Familienmitglied aus jedem Haushalt arbeitet.

In Pompurpa, einem kleinen Dorf nördlich des Mandovi, lassen die Frauen die Schuhe ihrer Ehemänner, die in arabischen Diensten weit weg von der Heimat sind, daher vor der Haustür stehen. Wenn sie eines Tages zurückkehren, wird es sein, als kämen sie gerade von der Tagesarbeit auf den Feldern zurück. Goas Bevölkerung befindet sich in einem beständigen Umbruch: Während immer mehr Goaner als Gastarbeiter in die Golfstaaten auswandern, ziehen immer mehr „Fremde" auf der Suche nach Arbeit nach Goa. Die zugereisten, meist hinduistischen Fremdarbeiter stellen bereits ein Viertel der Einwohner. Ihre Lehmhütten, die neben jeder Industrieanlage aus dem Boden wachsen, sind den Goanern ein Dorn im Auge. Und ein Schock für die in Dabolim ankommenden Touristen: Entsetzt blicken sie auf die Slumhütten neben dem Birli-Chemiewerk unweit des Flughafens.

Bei Wahlen werden regelmäßig Hindus gegen Christen ausgespielt. Die Zuwanderung von Hindus aus ärmeren Nachbarstaaten wird zwar von Delhi nicht offiziell gefördert, aber die indische Zentralregierung sieht diese Entwicklung nicht ungern. Die Einheimischen sehen es anders. Parolen wie „Goa den Goanern" werden nachts mit leuchtend roter Farbe auf die

Häuserwände gepinselt und gesprüht — und ebenso regelmäßig vom Monsun wieder fortgewaschen.

Doch schon vor dieser modernen Überfremdung entstand in Goa durch das enge Zusammenleben von Christen und Hindus über die Jahrhunderte eine eigentümliche Mischung beider Wertsysteme. Die christliche Botschaft von der Gleichheit aller Menschen ist auch in Goa an der indischen Wirklichkeit gescheitert, schwächte aber die Kastengegensätze des Hinduismus. Goanische Christen haben den indischen Götterpantheon um Vishnu und Shiva fest in ihren Glauben integriert.

Nicht nur die hinduistischen Tempel greifen auf architektonische Versatzstücke der katholischen Kirche zurück — seien es die dunkelblauen Azuelejos-Kacheln oder die Weihrauchschalen aus Messing —, sondern auch die Schlüsselpositionen in Wirtschaft, Politik und Kultur werden nach wie vor von Christen eingenommen. Die Hindus zählen zu den ärmeren Bevölkerungsschichten. Wie die Moslems, die sich in die Gegend um Ponda, wo ihre Hauptmoschee steht, zurückgezogen haben, leben auch sie räumlich getrennt von den Katholiken. Ihre Häuser sind leicht zu erkennen: In kräftigen Farben gehalten, steht vor dem Eingang ein „Tulsi", der einem populären Gott gewidmet ist. Aus dem Sockel, der die charakteristischen Züge der verehrten Gottheit darstellt, wächst ein kleines Basilikumbäumchen hervor. Wird es täglich begossen, fühlt sich die Gottheit gewogen und sichert den Bewohnern Wohlstand und Glück.

Bhagwan Mahavir Santuary: →*Molem*

Bicholim

37 Kilometer nördlich von Panjim unweit des Mandovi liegt die Hauptstadt der gleichnamigen Provinz. Der Ort Bicholim mit rund 10 000 Einwohnern ist weit über Goas Grenzen hinaus bekannt: Hier werden wunderschöne Lampen, Kerzenhalter und Schalen aus Messing gefertigt.

◄ *Farbenfroher Haustempel: Tulsi-Sockel mit Parvati, Shiva und ihrem elefantenköpfigen Sohn auf einem Stier*

Bicholim / **Sehenswürdigkeiten**

Namazgah-Moschee: Erbaut wurde die Moschee von Akbar, dem Sohn
Auranzebs, zur Erinnerung an die historische Schlacht von 1683, in der
Akbar und Sambhaji gemeinsam gegen die Portugiesen kämpften.
Umgebung: In fünf Kilometer Entfernung befindet sich das Ausflugsge-
biet Mayem Lake *(→dort)*.

Bondla Wildlife Sanctuary

Der kleinste der drei Wildparks mit dem Namen Bondla Wildlife Sanctuary, 35 Quadratkilometer groß, wurde 1961 gegründet. Programmatisch
steht ein Zitat von Indira Gandhi auf dem großen Hinweisschild am Haupt-
eingang: „The survival of man is dependent on the survival of plant and
animal life" (Das Überleben der Menschheit ist abhängig vom Überleben der Tier- und Pflanzenwelt). Im Norden fließt der Mahadei River, im
Osten der Ragado River durch das Wildreservat in den Vorbergen der
Westghats. In dem kleinen Wildgehege „Bondla Zoo" sitzt neben Sta-
chelschwein und Tiger auch eine europäische Haustaube hinter Gittern.
Ein kleiner botanischer Garten befindet sich noch im Aufbau, fertiggestellt sind bereits die Rosenrabatten und das Gewächshaus. Im ausgedehnten Wildpark, einem naturbelassenen Hang der Westghats, laden
Wanderwege und Picknickplätze zu eigener Wildbeobachtung ein.

Borim

Borim ist ein Dorf mit sieben Weilern entlang der Straße von Ponda nach
Margao, rund 12 Kilometer von Margao entfernt.

Umgebung

Siddhanath-Hügel: Von Westen her führt ein Wanderweg im Zickzack-
kurs durch Bananen-, Areca- und Kokosnußhaine hinauf zum Butal Peak
in 410 m Höhe. Der schweißtreibende Aufstieg wird mit einem imposan-
ten Panorama belohnt: Vom Erzhafen Mormugao im Norden bis zum Fort
Caba da Rama im Süden reicht der Blick.

Botschaften

Die nächste deutsche diplomatische Vertretung befindet sich im Bombay: Generalkonsulat der Bundesrepublik Deutschland, „Hoechst House", 10. Stock, Nariman Point, 193 Backway Reclamation, Bombay, Tel. 02 22/23 24 22, 23 15 17, 23 26 61.

Busverbindungen: →*Reisen im Land*

Cabo Rama Fort

Das südwestlichste Fort zur Sicherung der Küste, das Cabo Rama Fort, erbaut von König Sudem, wurde 1763 von den Portugiesen eingenommen. 21 Kanonen dienten zur Verteidigung. Im Innern des Forts entspringen zwei Quellen mit unterschiedlicher Wassertemperatur.

Calangute

Neun Kilometer lang ist „the Queen of Goa", der berühmteste und betriebsamste Strand von Goa. Er beginnt im Süden gleich hinter dem Fort Aguada, das die Einfahrt nach Alt Goa auf dem Mandovi-Fluß kontrollierte, und dem gleichnamigen ältesten Strandhotel der Luxusklasse, dem **Fort Aguada Beach Resort.** Die einzelnen Strandabschnitte tragen unterschiedliche Namen. Auf **Sinquerim Beach** und **Fort Aguada Beach** folgt **Candolim Beach,** bis man etwa auf der Hälfte des Strandes den kleinen Ort **Calangute** erreicht, dem der Strand seinen Namen verdankt. Zum 1107 Hektar großen Gemeindebereich, in dem 1981 bei der Volkszählung 9600 Einwohner erfaßt wurden, gehören sieben Weiler. Rund um die Uhr herrscht in Calangute Hochbetrieb. Unzählige Restaurants, Kneipen, billige Ferienquartiere, Ramsch-und Andenkenläden, Reisebüros und sogar eine kleine Bibliothek haben sich hier niedergelassen. Gleich neben der Busstation, erdrückt von Buden, Bussen und Bars, liegt die kleine **Pfarrkirche St. Alexis.** Sie wurde 1595 im Auftrag von Jeromo do Espirito Santo errichtet. Trotz umfangreicher Anbauten um 1710 wurde die alte Kirche 1741 abgerissen und durch den heutigen Bau ersetzt. Von den vier Hindu-Tempeln Santeri Sitalnatha, Saptanatha, Brahmanatha und Vetal, die unter den Portugiesen zerstört wurden, ist nichts mehr übrig geblieben.

Wichtig: Besonders in Calangute blüht die Kleinkriminalität indischer und westlicher Drogenkonsumenten. Geld und Paß können bei der Bank of Baroda deponiert werden.

Calangute / **Praktische Informationen**

Apotheke: Calangute Pharmacy, Beach Road

Bücherei: Auf der linken Seite der Stichstraße von Calangute-Ort nach Calangute-Strand liegt auf halber Höhe eine kleine Leihbibliothek. Für wenige Rupien kann man hier ohne große Formalitäten Bücher entleihen, die von den Touristen gespendet oder zurückgelassen wurden oder aus dem eigenen Bestand der Besitzerin stammen.

Essen und Trinken: Restaurant Souza Lobo: ausgezeichnetes Essen, Spezialität: Tigerklauen für 3.50 Rs.

Tourist Hotel: indische Gerichte zu moderaten Preisen, große Terrasse mit Blick auf den Strand.

Alex Cold Drink House: gleich hinter dem Tourist Hotel, beliebter Frühstückstreff wegen seiner Lassi-Mixgetränke.

Sea View Restaurant: nahe Tourist Hotel, gutes Essen in kleinen Portionen.

Coconut Inn: besser bekannt als „Dieter's", da von einem Deutschen geführt.

Nachtleben: In irgendeiner Strandhütte, Kneipe oder Privatvilla findet immer eine Fete statt. Hat man nicht den Mut, einfach dort hineinzuplatzen, genügt ein Bummel an den Strand, um Anschluß an die Szene zu finden und die letzten Neuigkeiten zu hören. Seit Jahren unangefochtener Höhepunkt im Szene-Treiben ist die allwöchentliche Samstagsparty im „Coco Banana".

Reisebüro: Spaceway Travels, MGM Space Travels

Unterkunft: Die Zimmersuche ist hier kein Problem. Für jeden Geschmack und Geldbeutel findet sich ein Dach über dem Kopf. Bei längeren Aufenthalten lohnt es sich, eine der kleinen Kokoshütten oder zu mehreren eine alte Kolonialvilla zu mieten. Eine preiswerte Alternative sind die staatlichen Tourist Cottages an der Hauptstraße zum Strand, einfach und relativ sauber. Tel. 2 41.

Eine ebenfalls billige Alternative sind die Guest Houses von Angela P. Fernandes und P.V. Fernandes direkt am Strand. Auf dem Weg nach Baga liegen die Sea View Cottages, zu mieten mit und ohne Bad.

Verkehrsverbindungen: Zwischen Calangute Ort und dem 1 km entfernten Strand besteht von frühmorgens bis spätabends ein regelmäßiger Shuttleservice. Die zentrale Bushaltestelle für Nahverkehrsbusse Richtung Mapusa und Panjim befindet sich gegenüber der Pfarrkirche St. Alexis.

Camping: → *Unterkunft*

Canacona

Der kleine Ort Canacona in der südlichsten Provinz Goas, noch vor zwei Jahren ein echter Insider-Tip, entwickelt sich stetig zum touristischen Zentrum der (noch) überwiegend alternativen Szene. Sehenswert ist der **Shri Malikarjuna-Tempel.** Vermutlich Mitte des 16. Jahrhunderts von Nachfahren des Kashatriya Samaj erbaut, wurde der Tempel 1778 restauriert. 60 Gottheiten werden neben der Shivalingam im Tempel verehrt.

Übernachtung: Canacona Forest Rest House, Poingini.

Canacona Island: → *Palolem Beach*

Cansaulim

Cansaulim ist ein kleines Dorf mit Bahnstation nahe des Velsaō Beach, dem nördlichsten Bereich des Colva Strandes. Von **Cansaulim Hill,** einem kleinen Hügel, zu dessen einfacher Barockkirche auf dem Gipfel eine ausgefahrene Schotterstraße führt, bietet sich eine herrliche Aus-

sicht. Gen Norden blickt man auf die Landzunge von Mormugao und die
ihr vorgelagerten, unbewohnten Inseln St. Jorge Island, Cambrian Island
und Small Island. Gen Süden erstreckt sich bis an den Horizont der Colva Strand.

Carambolim

Das kleine Dorf Carambolim in der Provinz Satari, rund sieben Kilometer von Valpoi entfernt, hieß ursprünglich „Chandiwade".

Carabolim / **Sehenswürdigkeiten**

Brahma-Tempel: Eine beim Volk wenig populäre Gottheit wird hier verehrt: Brahma, der Weltgeist. Der Schrein stammt vermutlich aus dem
5. Jahrhundert. Die Götterstatue wurde aus dem gleichnamigen Ort Ca-
rabolim bei Alt Goa vor den Portugiesen hierher in Sicherheit gebracht.
Die Granitstatue zeigt Brahma in seiner typischsten Darstellung: In alle
vier Himmelsrichtungen blickt sein Gesicht. Auf dem Sockel ist neben
Frauenfiguren auch sein Reittier dargestellt, die Gans Hamsa.
Alljährlich im Mai wird im Dorf ein Fest zu Ehren der Gottheit gefeiert.
Carambolim Lake: Der kleine See, ein beliebtes Ausflugs- und Picknickziel
der Einheimischen, birgt eine botanische Besonderheit: Roter und weißer Lotus blühen hier gemeinsam.

Chandor

Chandor ist eine kleine Bahnstation in der Salcete, der südlichsten Provinz Goas, gelegen an der Linie Richtung Bangalore, rund zehn Kilometer von Margao entfernt. Hier befindet sich der älteste herrschaftliche Ko-
lonialsitz Goas, der zur Besichtigung freigegeben wurde.

Chandor / **Sehenswürdigkeiten**

Herrensitz der Familie Menezes-Bragança: Die Familie Menezes-
Bragança, deren Ahnenreihe mehrere höhere Beamte und Gouverneure zur portugiesischen Kolonialzeit aufweist, erbaute ihren stattlichen

Wohnsitz zwischen 1700 und 1750. 28 schmiedeeiserne Balkone schmücken die weißgekalkte Fassade. Sie heute zu betreten, ist jedoch riskant: Der Boden aus alten Teakholzbohlen ist gefährlich durchgefault. Acht der Balkone führen zum „Blauen Salon", dem obligatorischen Spiegelsaal des Bragançaschen Landsitzes. Die alten Bleispiegel sind schon fleckig, doch die schweren Lüster aus venezianischem Glas, die feingemusterten Wandbespannungen aus Samt und das kunstvoll verlegte Parkett beschwören im Geist schwungvolle Feste herauf und lassen eine Ahnung von lusitanischer Macht und Größe wachwerden.

Das Vorzimmer zum Festsaal, wo früher der Gutsherr seine Landaufseher sowie Gesandte und Geistliche empfing, ist das reinste Kuriositätenkabinett der letzten Jahrhunderte. Nichts wurde seit dem Bau verändert. Nippes und Geschenke, Porzellan und Bücher, Ansichtskarten von heute und Briefe von früher — alles erhielt hier seinen Ehrenplatz, wurde verstaut in Schubladen und Vitrinen, an die Wände gehängt oder auf Tische, Stühle, Bänke und Truhen verteilt. Interessant ist das kleine Sofa für Verlobte: die beiden zukünftigen Ehepartner waren sich halb zugewandt, in der Mitte getrennt durch die Lehne. Seitlich hatte die Anstandsdame ihren Platz.

Das Schlafzimmer ist bewußt karg gehalten. Ein großes Eichenbett mit Nylonbaldachin — die Seide ist inzwischen besonderen Festtagen vorbehalten — bestimmt den Raum. Ein Stuhl, ein mächtiger dunkler Schrank, eine Konsole mit einer Waschschale aus Porzellan, ein wackeliger Tisch und zwei Balkone, die den Blick öffnen auf den schmalen Vorgarten und den staubigen Kirchplatz, schmücken als einzige das Zimmer. Entlang der Hausrückwand verläuft eine teils überdachte, teil offene Galerie. Dattelpalmen, Yuccas, Schönmalven, kleine Bananenstauden, junge Kaffeebüsche und zahlreiche Orchideen behindern den Zugang zum Kleinod des Hauses, der Privatkapelle. Noch nie wurde ein Menezes-Bragança außer Haus getauft, getraut oder bestattet. Am Sonntag und gelegentlich auch am Abend hält der Hausherr die Andacht; nur zu besonderen Fest- und Feiertagen wird der Priester von der nahen Kirche in Anspruch genommen. Bunte Azuelejos, handbemalte Fliesen, schmücken den Boden. Echtes Blattgold ziert nicht nur den Altar mit seinem naiv-volkstümlichen Heiligenbild, sondern auch auch die niedrigen Wände und

das kleine Eingangstor. Hinter der Altarrückwand sind die notwendigen Requisiten zum Gottesdienst verstaut, vom Staub der Jahre überzogen. Ganz tief hinten liegt der Meßwein ...

Nach vorheriger Absprache kann auch der Landsitz der Familie Miranda in Sanvordem besichtigt werden.

→*Sanvordem*

Chapora

Noch zählen der Vagator-Strand und das kleine Dorf an der Mündung des Chapora in die Arabische See zu den unberührten Gegenden im Norden Goas. Die weitläufig verstreute Siedlung Chapora, rund 12 km von Mapusa entfernt, liegt versteckt unter dem dichten Blätterdach der Kokospalmen.

Chapora / **Sehenswürdigkeiten**

Chapora Fort: Das Wahrzeichen des Ortes thront imposant über dem Ort auf einem kleinen Hügel. Der Ausblick von den Befestigungsanlagen des gut erhaltenen portugiesischen Forts (erbaut 1717) ist beeindruckend: im Norden die einsamen Buchten, im Osten der sich schlängelnde Flußlauf des Chapora und die Hänge der fernen Westghats, im Süden Anjuna, gen Westen die unendliche Weite der Arabischen See, auf der am Horizont Öltanker Richtung Arabien schiffen.

Chapora / **Praktische Informationen**

Essen und Trinken: Julie Jolly's: beliebte Strandkneipe, deren Speisekarte wenige, aber schmackhafte Gerichte aufweist.

Lobo's: ausgezeichnete Fischgerichte, begrenztes Platzangebot, sonntags geschlossen.

Übernachtung: Wie in Anjuna, ist man auch hier überwiegend auf Langzeitbesucher eingestellt. So kann auch hier die Zimmersuche zu einem

---

◀ *Sehenswert ist vor allem das Innere des Herrensitzes der Familie Menezes-Bragança aus der portugiesischen Kolonialzeit in Chandor*

Problem werden. Da man in Chapora bisher kaum kommerziellen Tourismus vorfindet, sollte man kompromißbereit sein und keine zu hohen Ansprüche stellen.

→ *Vagator*

Chorao Bird Sanctuary

Das 1987 gegründete Vogelreservat Chorao Bird Sanctuary liegt rund 4 Kilometer flußaufwärts von Panjim auf der Chorao-Insel im Mandovi. Von Ribandor fährt stündlich eine Fähre dorthin.

180 Hektar Sumpfgelände und Mangrovenwald umfaßt das Naturschutzgebiet. 200 Vogelarten, darunter viele Zugvögel, und das inzwischen sehr seltene Flußkrokodil, das bis zu sieben Meter lang wird, sind hier beheimatet. Wer statt zu Fuß lieber mit den Fischern per Kanu die Wasserwildnis erkunden möchte, braucht eine offizielle Genehmigung von Khazan Singh, Deputy Conservator of Forests, Junta House, Panjim.

Colva

Im Süden erstreckt sich über 25 Kilometer der längste Strand Goas, der gerne mit der brasilianischen Copacabana verglichen wird. Auch hier tragen die einzelnen Strandabschnitte wieder unterschiedliche Namen. Am nördlichen Ende, dem **Velsao Beach,** geht es noch ruhig und beschaulich zu; etwas mehr Trubel beginnt ab dem **Majorda Beach** mit der gleichnamigen großzügigen Hotelanlage, die dem Stil des Landes angepaßt wurde. Im Hauptort **Colva** dagegen grassiert bereits der Bauboom. Hier herrscht der regeste Betrieb des ganzen Strandes. An der Mündung des Sal-Flusses endet der Colva Strand. Bei Niedrigwasser kann man ihn gefahrlos durchwaten und zum **Betul-Beach** gelangen.

Alljährlich im Oktober feiert die christliche Bevölkerung Goas in Colva die „Fama", ein mehrtägiges Kirchen-Volksfest zu Ehren des Jesuskindes. Bei der Prozession wird das Bildnis des wundertätigen Jesuskindes unter einem Baldachin von der Pfarrkirche Our Lady of Merces, die

direkt an der Straße nach Margao liegt, auf vielen Wegen durch den Ort
bis an den Strand und wieder zurück zur Kirche getragen.

Die hinduistische Ortsgottheit, die Göttin Ravalnatha, wurde zum Schutz
vor den Portugiesen nach Talaulim in Sicherheit gebracht, wo ihr zu Ehren ein zweiter Tempel errichtet wurde.

Colva / **Praktische Informationen**

Essen und Trinken: „The Dolphin": Restaurant im „White Sands Hotel",
am Strand, typisch goanische Landesküche, portugiesische Gerichte,
Fischspezialitäten.

Vincy's Hotel Restaurant: am Strand, früher *das* Lokal in Colva, seit dem
Umbau das Dreifache an Gästen, aber laues Essen.

Peacock Bar & Restaurant: im Hotel Mar e Sol, heiße Küche und kaltes
Bier.

Agnelo's Corner: Strandrestaurant.

Lucky Star Restaurant: direkt am Strand gelegen, mit dem aktuellen
Beach-Sound aus einer gigantischen Stereoanlage.

Lactania Restaurant: neben dem Hotel Silver Sands, ausgezeichnete
Fischgerichte.

Men Mar Inn: häufig sehr voll, da mitten im Zentrum.

Nosso Lar Bar & Restaurant: altes Lokal mit viel portugiesischem Flair,
Vorbestellung empfehlenswert.

Umita Corner Bar & Restaurant: beliebter Frühstücks-Treff der Gäste aus
den umliegenden Hotels.

Precilia's Bar & Restaurant: Strandkneipe mit Video-Programm, teilwei-
se auch in Englisch.

Johnny's: Strandkneipe, lädt in unregelmäßigen Abständen zu „Büfett
& Party" ein und organisiert auch Bustrips zum Flohmarkt in Anjuna *(→An-
juna).*

Unterkunft: Colva bietet eine breite Auswahl an Übernachtungsmöglichkeiten. Die preiswerten Häuser befinden sich im nördlichen Ortsteil nahe des Strandes. Teuerste Herberge ist das Hotel Silver Sands, Tel.
36 45-6, mit drei Suiten und 55 luxuriös eingerichteten Zimmern.

Preiswert, einfach und relativ sauber sind die staatlichen Tourist Cottages, Tel. 22 87, im Dorfzentrum. Sie verfügen über Ein- und Zweibettzimmer, separaten Eßraum und Küche. Im Schlafsaal werden Betten für 15 Rupien pro Nacht angeboten. Erst kürzlich wurde die Anlage erheblich erweitert. Weitere Häuser mit westlichem Standard sind: White Sands Hotel, Tel. 32 53, 13 Doppelzimmer, 13 Suiten, Schlafsaal, mittlere Preisklasse; Sea View Cottages; Mar e Sol Hotel; Sukhsagar Beach Resort, Tel. 38 88.

Cotigao Wildlife Sanctuary

Der südlichste Nationalpark Goas, der Cotigao Wildlife Sanctuary, in der Provinz Canacona nahe der Staatsgrenze zu Karnataka gelegen, ist über die N 17 von Panjim nach Mangalore schnell zu erreichen. Auf 150 Quadratkilometer leben hier große Gaur-Herden, die gerne mit Bisons verwechselt werden, Sambas, Chitals und Zwergböckchen. Zahlreich vertreten sind auch Languren und Hutaffen. Den wenigen Panthern stehen unzählig viele Stachelschweine gegenüber.

Übernachtung: Gästehaus des Forest Departments.

Curtorim

Curtorim ist neun Kilometer östlich von Margao in der Provinz Salcete gelegen. Sehenswert ist die **St. Alex-Kirche.** Die Kirche, eine der ältesten in Goa, wurde 1597 auf den zerstörten Grundmauern eines hinduistischen Tempels errichtet. Ein Teil der Tempel-Grundmauern ist noch deutlich erkennbar.

Devisenbestimmungen und Geldumtausch: →*Geld*

Blick von einem der vielen Beach Resorts auf die Colva Beach ▶

Dabolim

Dabolim, der einzige Flughafen Goas, rund drei Kilometer von Vasco da Gama und 30 Kilometer von Panjim entfernt, wurde erst 1985 für den zivilen Luftverkehr geöffnet.

Dabolim / **Praktische Informationen**

Fluggesellschaften: Indian Airlines, Tel. 27 88, 32 51; Air India, Tel. 40 81, 51 72.

Touristen-Information: Tourist Information Counter, Tel. 26 44.

Verkehrsverbindungen: Für 15 Rs. verkehren Shuttlebusse nach Panjim. Mit dem Taxi kostet die Strecke 150-160 Rs. Die Transferbusse der westlichen Reiseveranstalter nehmen keine zusätzlichen Gäste mit — auch nicht gegen Bezahlung. Der hoteleigene Airport-Service kostet, je nach Entfernung, zwischen 200 und 500 Rs.

Diebstahl: →*Kriminalität*

Dokumente

Touristen aus der Bundesrepublik Deutschland, Österreich und der Schweiz brauchen ein gültiges Visum. Es wird in der Regel für drei Monate ausgestellt. Reisende ohne Visum werden von den Grenzbeamten ohne ein Wimpernzucken zurückgeschickt. Anträge mit frankiertem Rückumschlag anfordern bei:

* Bayern/NRW: Indische Botschaft mit Konsularabteilung, Adenauerallee 262/264 5300 Bonn 1, Tel. 02 28/5 40 40, Mo.-Fr. 9.30-12.30 Uhr.

* Land Berlin: Indisches Generalkonsulat, Joachimstaler Str. 28, 1000 Berlin 15, Tel. 0 30/8 81 70 67, Mo.-Fr. 10-12 Uhr.

* Rheinland-Pfalz, Hessen, Baden-Württemberg: Indisches Generalkonsulat, Wilhelm-Leuschner-Str. 93, 6000 Frankfurt/M., Tel. 06 9/27 10 40, Mo.-Fr. 9.30-12.30 Uhr.

* Niedersachsen, Schleswig-Holstein, Hamburg, Bremen: Indisches Generalkonsulat, Burchardtstr. 14,
2000 Hamburg 1, Tel. 0 40/ 33 80 36, Mo.-Fr. 9.30-12.30 Uhr.

* Österreich: Indisches Generalkonsulat,
Kärntner Ring 2, 1010 Wien, Tel. 02 22/ 5 05 86 66.
* Schweiz: Indisches Generalkonsulat, Weltpoststr. 17, 3015 Bern, Tel.
0 31/ 26 31 11.
Außer an den gesetzlichen deutschen Feiertagen sind diese Vertretungen auch an den folgenden Tagen geschlossen: 26. 1. (Tag der Republik), 5. 3.; 22. 3.; 13. 6.; 15. 8.; 2. 10.; 8. 10.;

Antragsunterlagen:

* Zwei Paßbilder
* Reisepaß mit mindestens sechs Monaten Gültigkeit (Kinderausweise auch bei Kindern unter zehn Jahren mit Lichtbild)
* Bescheinigung eines Reisebüros über bezahlten Hin- und Rückflug bzw. Schreiben des Arbeitsgebers oder der Bank, das bestätigt, daß die Aufenthaltskosten in Indien finanziert werden können.
* Frankierter Rückumschlag
Antragsdauer: ca. zwei Wochen
Gebühren Touristenvisa:
für Deutsche 20 DM
für Österreicher 160 öS
für Schweizer 25 SF
Die Gebühren sind bei der Antragsstellung mit Verrechnungsscheck, in bar oder per Postanweisung (Postabschnitt beifügen) zu bezahlen.
→*Zoll*

Dona Paula

Dona Paula ist sieben Kilometer von Panjim auf der nördlichen Uferseite der Zuari-Mündung in der Provinz Tiswadi gelegen. Der Name des Strandes, der weniger zum Baden als zum Bummeln geeignet ist, rührt von einer „fidalga", einer portugiesischen Adligen, her. 1682 schenkte Dona Paula de Souto Menezes ihr Land, das von Caranzarlem bis zum Cabo Palast reichte, der katholischen Kirche. An die wohltätige Stiftung erinnert auch eine Inschrift in der Kapelle des Cabo Palastes. Aufgesucht wird Dona Paula besonders gerne am Abend: In der Dämmerung ist der

Blick von dem kleinen Aussichtpavillion auf die gegenüberliegende Bucht mit dem Hafen **Mormugao** in der Mündung des **Zuari-Flusses** sehr reizvoll. Der Nachteil des tollen Panoramas: Durch das unvorschriftsmäßig abgelassene Öl im Hafen sind Wasser und Strand relativ stark verschmutzt. Dennoch plant die goanische Tourismusbehörde hier die Schaffung eines Meeresreservates. Flußaufwärts liegt versteckt in der kleinen, mit Palmen umsäumten Bucht das Sheraton-Haus „Cidade de Goa". Auch hier wird vom Baden abgeraten.

Eine große Plastik, aufgestellt direkt am Aufgang zur Aussichtsplattform, verschaffte Dona Paula vor einigen Jahren internationale Berühmtheit. Baronessa Yrsa von Leistner, eine über Deutschlands Grenzen hinaus bekannte Bildhauerin, hatte Dona Paula zum Standort ihrer Zweiergruppe „The Image of India" (Das Antlitz Indiens) gewählt. Die Plastik zeigt ein allegorisches Paar: Der Mann blickt nach Westen in die Vergangenheit. Die Frau mit Blickrichtung Osten verweist auf die Zukunft.

Dona Paula / **Praktische Informationen**

Essen und Trinken: O Pescador: Im polynesischen Spezialitätenrestaurant mit wunderschöner Sicht läßt es sich auf der Terrasse, im Garten oder im großen Saal zu moderaten Preisen vorzüglich speisen. Gleich daneben befindet sich das White Rock Restaurant.

Übernachtung: Prainha Cottages: direkt am Meer, Hotelrestaurant, Tel. 40 04; Dona Paula Beach Resort.

Dudhsagar-Wasserfälle

Die berühmtesten Wasserfälle des Landes, die Dudhsagar-Wasserfälle, sind nur von **Kolem** (Bahnstation) aus erreichbar. Von dort aus auf einer Sandstraße, die zwei Trockentäler durchquert, weiter, bis der ausgeschilderte Fußweg beginnt. Nach 20 Minuten durch den Dschungel erreicht man die Wasserfälle. Ein Besuch ist nach der Regenzeit am beeindruckendsten; nach langen Trockenperioden enttäuscht das kleine Rinnsal. In mehreren Kaskaden fallen die Wassermassen des Candepar, eines Zuflusses zum Mandovi, 603 Meter in die Tiefe. Ihren Namen „Dudhsagar-Milchwasser" erhielten die Kaskaden wegen des trüben, milchigen Aussehens des Wassers, das vom mitgeführten Schlamm herrührt.

Einkaufen

Feste Öffnungszeiten gibt es in Goa nicht. Im allgemeinen sind die Läden von 9.30-12.30 Uhr und etwa von 15-19 Uhr geöffnet. Die Hotel-Shops mit Kunsthandwerk, Teppichen, Kleidung, Schmuck oder Büchern haben sich dem Tagesrhythmus der Urlauber angepaßt — sie öffnen und schließen später.

Beliebte Mitbringsel aus Goa sind die sehr preiswerten Cashewnüsse. Roh, gesalzen oder auf die verschiedensten Arten gewürzt, kostet ein Kilo knapp 12 DM. Hochprozentig ist dagegen eine Flasche Cashew-Feni. Ebenfalls sehr billig sind Gewürze und echter Safran. Wer unser Einheitsgewürz „Curry" mit nach Hause nehmen möchte, steht vor der Qual der Wahl — für jedes Gericht gibt es ein spezielles Masalagewürz. Erschnuppern Sie sich Ihre Mischung. Die kleinen Tüten kosten nur einige Pfennige. Bei Textilkäufen bieten sich Baumwolle, Seersucker (sehr leichter Strukturstoff) und echte Seide an — aber Vorsicht: Kunstseide ist in Indien groß in Mode. Machen Sie daher den Brandtest an einer Stoffprobe: Schmilzt der Stoff sofort zu einem unansehnlichen Klumpen zusammen, war die „echte" Seide nicht Ihr Geld wert.

Die Märkte verlocken geradezu zum Shopping:

Panjim: täglich

Vasco: täglich, gute Gewürze, wenig Kleidung

Mapusa: freitags, berühmt für Kleidung

Margao: täglich, weit verstreut über mehrere Straßenzüge und Bazare, Mittagspause!

Anjuna: mittwochs 14-19 Uhr, Indien-Souvenirs, Lebensmittel, Kleidung, Schmuck; Szene-Treff

Quepem: sonntags Wochenmarkt

Einen Abstecher lohnen auch die staatlichen Verkaufsstellen von „Goa Handicrafts". Seit 1966 stützen diese in ganz Indien vertretenen Geschäfte für regionale Güter die traditionelle dörfliche Heimwirtschaft und lokale Kleinindustrie. Zu den kunsthandwerklichen Erzeugnissen, die hier zu festen Preisen verkauft werden, gehören Messingwaren aus Bicholim, Lack- und Holzdrechselarbeiten aus Cuncolim sowie Patchworktaschen und andere Textilprodukte. Auch andere indische Unionsstaaten sind in Goa mit ihren offiziellen Verkaufsstellen vertreten.

* Goa Handicrafts, Rural & Small Scale Industries Development, Emporia Shop,
Tourist Hostel, Panjim, Mapusa und Vasco
* Kashmir Government Arts Emporium / Kerala Arts Craft, Hotel Fidalgo, Swami Vivekananda Road, Panjim

Essen und Trinken →*Küche*

Farmagudi

Farmagudi ist 26 Kilometer von Panjim nahe der Fernstraße nach Ponda gelegen. Im Oktober 1683 vereitelte das plötzliche Erscheinen des Marathenkönigs Sambhaji mit seinem großen Heer den ersten Versuch der Portugiesen, das Fort von Ponda zu erobern. Ein Denkmal erinnert an dieses historische Ereignis. Sehenswert ist der **Shri Gopal Ganapati-Tempel.** Das steinernde Bildnis von Gopal Ganapati wurde von Hirten entdeckt, die auf dem nahegelegenen Hügel ihre Herde weiden ließen. Sie errichteten einen kleinen Schrein mit Reetdach. Der heutige Tempel wurde von Shri Dayanand Balkrishna Bandodkar, Goas erstem Minister, erbaut. Die Götterstatue, gefertigt aus einer Metallegierung, wurde am 24. April 1966 feierlich geweiht. Der Tempel ist ein Musterbeispiel für die gelungene Synthese aus klassischer und moderner Tempelarchitektur. **Übernachtung:** Tourist Cottages, staatlich, mit open-air Restaurant inmitten einer gepflegten Gartenanlage.

Fatorpa

Fatorpa ist ein Dorf mit rund 3000 Einwohnern, 16 Kilometer südwestlich der Provinzhauptstadt Quepem gelegen.

Sehenswert ist der **Shri Shantadurga (Kunkalikarin)-Tempel:** Während der Hindu-Verfolgung unter den Portugiesen wurde die Göttin Shantadurga 1580 von Cuncolim, einem Dorf in der Salcete, hierher in Sicherheit gebracht. Shantadurga, die Inkarnation der Göttin Durga als Friedensbotin, erscheint auf der Welt, um das Böse zu vernichten. Hindus wie Christen bringen Shantadurga Opfergeschenke. Beim alljährlichen Tempelfest „Shantadurga Prasann" im Januar werden die Spenden meistbietend versteigert, der Erlös fließt dem Tempel zu und sichert den Lebensunterhalt der brahmanischen Priester. Das Hauptgeschehen des Festes findet nachts statt: Bei der Fackelprozession wird die Göttin auf einem Holzwagen durch den Ort gefahren.

Ferienwohnungen: →*Unterkunft*

Feste und Feiertage

In Goa werden so viele Feste und Feiertage begangen, daß man immer eine interessante Veranstaltung in der Nähe erleben kann. Da die Hindus und Moslems nach dem Mond- bzw. nach dem islamischen Kalender das Jahr einteilen, fallen bei ihnen die Feste alljährlich auf einen anderen Tag.

Während viele Festtage nur lokalen Gottheiten gewidmet sind und innerhalb der Dorfgemeinschaft gefeiert werden, versetzen die beiden größten hinduistischen Festivals das ganze Land in religiöse Ekstase. Durch den Massenansturm von Gläubigen, die sich ausgelassen der Verehrung ihrer Götter hingeben, kommt es regelmäßig zu Todesfällen.

Shigmo: Das indische Holi-Fest wird in Goa als „shigmo" bezeichnet. Mit Freudenfeuern feiern die Hindus damit die Ankunft des Frühlings und der lebenswichtigen Monsunregen. Leuchtendbunte Puder und gefärbtes Wasser, auf Mensch, Tier und Gebäude gespritzt, symbolisieren die überschwengliche Farbenpracht des tropischen Frühjahrs.

Diwali: Fünf Tage lang dauert im November das heiterste und ausgelas-
senste Fest der Hindus. Das „Lichterfest" markiert zugleich den Beginn
eines neuen Geschäftsjahres. Allabendlich leuchten dann überall in Goa
unzählige Glühbirnen, Kerzen, Öllampen auf; Feuerwerke explodieren am
nächtlichen Himmel. Religiöser Hintergrund für das „Diwali" sind große
Opferzeremonien für die Göttinnen Kali und Lakshmi, den beiden weibli-
chen Verkörperungen von Shiva und Vishnu.

Zu den wichtigsten Festen und Feiertagen in Goa gehören:

Christliche Feiertage

6. Januar: Fest der Heiligen Drei Könige in Chandor, Cansaulim und Reis
Magos

2. Februar: Kirchenfest „Our Lady in Candelaria"; Pompurpa

Februar/März: Karneval in ganz Goa

5. Fastenmontag: Allerheiligenprozession des 3. Ordens der Franziskaner; Alt Goa

1. Sonntag nach Ostern: Fest des Jesus von Nazareth; Siridao

16 Tage nach Ostern: Fest „Our Lady of Miracles"; Mapusa

24. August: Festival de Novidades (feierlich werden dem Staatsoberhaupt
die ersten Reisbündel überreicht).

1.-14. Oktober: Fama de Menino Jesus (Verehrung des Jesuskindes); Colva

3. Mittwoch im November: Fest „Our Lady in the Rosary"; Navelim

3. Dezember: Fest zum Todestag des heiligen Franz Xavier; Alt Goa

8. Dezember: Fest „Our Lady of Immaculate Conception" (Unbefleckte
Empfängnis); Panjim

25. Dezember: Weihnachten

31. Dezember: Silvester

Staatliche Feiertage

26. Januar: Tag der Republik

15. August: Tag der Unabhängigkeit

2. Oktober: Geburtstag Mahatma Gandhis

Moslemischer Feiertag

17. Zilhaj (Februar): Festtage (Urus) des Schah Abdullah; Ponda

---

*Die unterschiedlichen indischen Götter werden oft sehr erotisch
dargestellt* ▶

Hinduistische Feiertage

März: Ramnathi: Kavlem, Mangueshi, Ponda, Shiroda, Brahmapuri

Shigmo: Kasarpal, Phatarpa, Cuncolim, Panjim

Gudi Padwa (Hindu-Neujahr): in ganz Goa

April: Rangapanchami: Kasarpal, Zambaulim, Quepem

Ramnavi: Partagal-Canacona

Chaitra Purnima: Borim, Nangueshi, Chandranath, Ponda, Sanquelim, Quepem

Mai: Feuerlaufen: Sirigao-Assonora

Juli: Saplaha: Vasco

August: Gokul Asthami: Narvem, Bicholim

September: Ganesh Chaturti: in ganz Goa

Oktober: Dasrotsav: Pernem

Navrata Utsav: in allen Hindu-Tempeln; zehntägiges Fest, das an den Sieg Ramas über den Dämonen Ravana erinnert (auch „Dussehra" genannt)

November: Diwali: in ganz Goa; Lichterfest zu Ehren der Göttin Lakshmi, Beginn des Hindu-Neujahres

Dezember: Dattajyanti: Sanquelim

Flug: →*Anreise*

Fotografieren

Decken Sie sich daheim reichlich mit Fotomaterial ein. In Goa sind für den Notfall meistens nur Kodak-Farbfilme erhältlich. In der Hitze verderben die Filme jedoch leichter, oft sind die Verfallsdaten überschritten. Nach dem Belichten müssen die Filme unbedingt in Filmdosen an einem kühlen Ort aufbewahrt werden — die Zimmerbar tut da gute Dienste. Nur so bleibt die Farbqualität erhalten. Auch bei längerem Aufenthalt sollte man seine Filme nicht im Lande entwickeln lassen, da die Chemikalien oft veraltet oder umgekippt sind.

Im allgemeinen darf überall fotografiert werden; nur Flughäfen, Bahnhöfe, Brückenköpfe sowie alle staatlichen Ministerien, Behörden und Gerichte sind ausgenommen. So auch der malerisch-imposante Gouverneurspalast in Panjim — die Polizisten werden recht handgreiflich, wenn man fotografieren will. Kinder dagegen drängen geradezu danach, fotografiert zu werden. Wenn sich jedoch jemand wegdreht oder abweisend den Kopf schüttelt, sollte das respektiert werden — Goa und seine Bewohner sind kein exotisches Freilichtmuseum. Manchmal hilft auch ein kleines Bakshish (Trinkgeld). Für Videoaufnahmen muß häufig eine Kameragebühr gezahlt werden; an einigen Orten ist es sogar strengstens verboten zu filmen.

FKK

Grundsätzlich: „Oben ohne" und mehr ist in Indien verpönt und verstößt gegen das sittliche Empfinden der Inder, die häufig selbst ihre eigene Frau nur im Sari kennen — auch Kinder werden so gezeugt. Daher haben die nackten Europäer nicht nur eine Bürgerbewegung hervorgerufen, sondern auch einen kommerziellen Voyeurismus: Zu Hunderten pilgern gerade ärmere Inder an die Strände, um weiße Frauen zu bestaunen. Wer dennoch auf Freikörperkultur schwört, sollte sich auf die stillschweigend geduldeten Nischen zurückziehen: an den Arambolstrand und den Baga Beach. Wer trotz aufgestellter Verbotsschilder nackt badet, kann angezeigt werden und muß mit hohen Geldbußen rechnen. Die Strände werden regelmäßig von Polizeistreifen in Zivil kontrolliert — nicht nur auf Rauschgift — und per Boot vom Meer aus beobachtet.

Führungen

Das Staatliche Fremdenverkehrsamt bietet geführte Ausflüge an, zu buchen bei der:
Travel Division, Goa, Daman & Diu Tourism Development Corporation Ltd., Tourist Hostel, Panjim, Tel. 33 96, 39 03. Das Fahrtenprogramm umfaßt fünf regelmäßig stattfindende Touren; auf Wunsch können Fahrer, Bus und Ausflugsleitung auch gechartert werden.

Die Nord-Goa Tour (9-18 Uhr), 35 Rs., führt täglich von Panjim zum Mayem Lake mit Besuch der Shri Datta und Shri Vithal Tempel. Von Mapusa
aus werden die nördlichen Strände Vagator, Anjuna, Calangute angefahren, ehe der Bus vorbei am Fort Aguada nach Panjim zurückkehrt. Ebenfalls täglich findet von Panjim aus die Süd-Goa Tour (9-18 Uhr), 35 Rs.,
statt. Nach einem Besuch der Hauptkirchen Alt-Goas, des 400 Jahre alten Mangueshi-Tempels und des nahen Shri Shantadurga-Tempels führt
die Fahrt nach Margao und von dort weiter an die Colva Beach. Auf dem
Rückweg werden neben Kloster Pilar noch die Strände von Dona Paula
und Miramar besucht. Als Nachmittagsausflug von 15-19 Uhr wird für 20
Rs. ein „Beach Special" angeboten, bei dem die Traumstrände von Calangute, Anjuna und Vagator aufgesucht werden. Die berühmten Dudhsagar Wasserfälle sind Ziel der „Dudhsagar Packages", die um 7 Uhr,
7.15 Uhr und 8 Uhr je nach Bedarf ab Panjim starten. Als „Holiday Special" werden schließlich Tagesausflüge zum Bondla Wildlife Sanctuary,
zum Tiracol Fort in Kombination mit dem nahen Arambol Strand sowie
zu den Dschungeltempeln von Tambdi Surla angeboten. Die Preise
schwanken hier zwischen 20 Rs. und 40 Rs.

Allabendlich werden zudem Vergnügungsfahrten auf dem Mandovi-Fluß
durchgeführt, die Tanz, Musik und Gesang bieten; eine kleine Bar ist natürlich auch an Bord. Der einstündige „Sunset Cruise" ist etwas für Ro-
mantiker: Glutrot versinkt die Sonne an der Mandovi-Mündung in der Arabischen See, dazu portugiesisch-indische Volkstänze und schwermüti-
ger Gesang, der an den Lissaboner Fado erinnert. Zeit: 18 bis 19 Uhr;
Preis: 35 Rs.

Bei der zweistündigen Fahrt auf der „Sta. Monica" wird goanisches Essen serviert. Zeit: 19 bis 21 Uhr; Preis: 50 Rs. Für Mondsüchtige finden
an Vollmondnächten Sonderfahrten statt; Preis: 50 Rs., Zeit: auf Anfra-
ge. Für private Feiern und Ausflüge können die diversen Schiffe vom Ma-
nager der Travel Division im Tourist Hostel gemietet werden. Eine klimatisierte „luxury launch" für 150 Personen kostet 2000 Rs. pro Stunde, jede Verlängerungsstunde weitere 600 Rs. Fehlt die Klimaanlage, sinken
die Preise für ein 150 Personen-Charterboot auf 1700 Rs. für die erste
und 300 Rs. für jede weitere Stunde. Die Grundgebühr für die 70 Perso-

nen „luxury launch" liegen bei 850 Rs., jede weitere Stunde wird mit 300 Rs. berechnet.

Ausgebildete, staatlich geprüfte Führer werden ebenfalls durch das Fremdenverkehrsbüro im Tourist Hotel vermittelt. Die Preise variieren von 35 bis 80 Rs. pro Tag und Gruppengröße; bei Fremdsprachen wird ein Pauschal-Zuschlag von 25 Rs. erhoben.

Gaspar-Diaz-Beach

Der Gaspar-Diaz-Beach wird auch **Miramar-Beach** genannt. Drei Kilometer meerwärts von der Hauptstadt Panjim gelegen, herrscht hier besonders am frühen Abend um die Zeit des Sonnenuntergangs reichlich Betrieb. Frauen stürzen sich mit ihren Saris in die Fluten, stolz knattern die Motorräder, aus den Transistorradios erschallen in ohrenbetäubender Lautstärke die jüngsten amerikanischen Hits oder Schlager in Konkani, der Landessprache. Die Händler der unzähligen fahrbaren Straßenläden versuchen lautstark, sich im Feilbieten ihrer Ware zu übertrumpfen. Ein müßiges Unterfangen, bieten sie doch alle das Gleiche an: „Puri", in Fett ausgebackene Teigtaschen, gefüllt mit knallig gelben Weizennudeln und einer kräftigen Masalamischung aus Hülsenfrüchten.

Gaspar-Diaz-Beach / **Praktische Informationen**

Essen und Trinken: Martin's Beach Corner: leckere frische Fische und Meeresfrüchte; der Sunset-Treff, berühmt für den abendlichen Blick auf das Fort Aguada und die Mandovi Mündung, wenn der glutrote Ball der Sonne in der Arabischen See versinkt; gehobene Strandhüttenatmosphäre.

Geld

Die indische Währungseinheit ist die Rupie (Rupee, Abkürzung: Rs.). Sie wird unterteilt in 100 Paise. Die Stückelung der Noten erfolgt in 1, 2, 5, 10, 50, 100 Rupees; der Münzen in 5, 10, 20, 50 Paisa und 1 Rupie. Der ständig wechselnde Kurs lag Ende März 1991 bei 9,75 DM für 100 Rupien. Die Form der Münzen ist je nach Geldwert unterschiedlich — eine Hilfestellung für die große Zahl der Analphabeten. Getauscht werden kann auf allen Banken und in den größeren Hotels. Reiseschecks bringen einen günstigeren Kurs als Bargeld. Vorsicht beim Tauschen auf dem Schwarzmarkt. Je höher der Wert der Banknote, desto besser der Kurs — bis zu 30 Prozent mehr als bei der Bank.

Die Ein- und Ausfuhr der indischen Rupie ist verboten, Devisen können dagegen unbegrenzt eingeführt werden. Beträge, deren Geldwert 1000 US-Dollar übersteigt, müssen bei der Ankunft deklariert werden. Übriggebliebene Rupien können gegen Vorlage der Umtauschquittung vor der Abreise zurückgetauscht werden. Häufig sind aber die Bankschalter am Flughafen geschlossen. Bei längeren Aufenthalten sollte man daher nicht das gesamte Geld auf einmal umtauschen, sondern nur die benötigten Finanzen. Euroschecks werden nicht angenommen. Als Kreditkarten akzeptieren die meisten Hotels American Express, Diner's Club, Visa und Eurocard/Mastercard.

Getränke: →*Küche*

Geographie

Mit 3704 Quadratkilometern ist Goa der kleinste Staat der indischen Union. Auf europäische Verhältnisse übertragen, ist der 23. Unionsstaat damit genauso groß wie der Schweizer Kanton Waadt oder anderthalb Mal so groß wie das Herzogtum Luxemburg. Im Norden grenzt Goa an den mächtigen Nachbarstaat Maharashtra, der 1961 erfolglos versuchte, den Küstenstreifen zu annektieren. Im Osten und Süden bildet die 100 Kilometer lange Kammlinie der Westghats (Gebirgszug) die natürliche Grenze zum Flächenstaat Karnataka. Die maximale Ost-West-Ausdehnung zwischen der Arabischen See und den Westghats beträgt 65 Kilometer. Das heutige Goa übernahm von den Portugiesen unverändert die administrative Aufteilung des Landes. Aus den früheren elf Kreisen, den „concelhos", wurden die neuen „talukas" (von Nord nach Süd): Pernem, Bardez, Bicholim, Satari, Tiswadi, Mormugao, Ponda, Salcete, Sanguem, Quepem und Canacona mit Panjim als Landeshauptstadt.

Goa läßt sich grob in vier Landschaftszonen einteilen: die Hänge der Westghats im Westen, das zentrale Lateritplateau im Landesinnern, die fruchtbaren Flußebenen und der Küstenstreifen.

Die Westghats: Während die Kammhöhe bei rund 1000 Metern liegt, erreichen einige Bergspitzen zwischen 1130 Meter und 1276 Meter. Die Hänge, ursprünglich von dichten Teakholzwäldern überzogen, werden forstwirtschaftlich genutzt. Stellenweise ersetzen schnellwachsende Eukalyptuspflanzungen das Edelholz, um ein Fortschreiten der Bodenerosion zu vermeiden und die Schäden durch den Bergbau aufzufangen.

Das zentrale Lateritplateau: Das Landesinnere wird von einem 30 bis 100 Meter hohen Lateritplateau bestimmt. Tief haben sich die Flüsse hier in das rote Gestein eingegraben. Eine dünne Humusschicht bedeckt das Vulkangestein; Steppengras und Sträucher wachsen darauf. Intensive Landwirtschaft ist kaum möglich, einzig Cashewplantagen stellen keine Ansprüche an den Boden. Das wenig fruchtbare Land wird in jüngster Zeit gezielt zur Ansiedlung von Industrieunternehmen erschlossen.

Die Fluß- und Küstenebenen: Üppigste tropische Vegetation präsentiert sich dagegen in den Flußebenen und am fruchtbaren Küstenstreifen. Intensiver Reis-, Gemüse- und Obstanbau prägen hier die Landschaft. Palmen wiegen sich im Wind. Ein ausgedehntes Bewässerungsnetz durchzieht das Land.

Die Küste: Vom Meer aus läßt sich verstehen, warum Goas Küste zu Recht den Beinamen „Indische Riviera" trägt: Auf 106 Kilometern wechseln sich ellenlange, schnurgerade Sandstrände mit eindrucksvoller Felsenküste, verschwiegene Buchten und breite Mündungsdeltas ab.

Flüsse: Ein dichtes Wassernetz durchzieht Goa. Die sechs kurzen und flachen Flüsse — Tiracol, Chapora, Mandovi, Zuari, Sal und Talpona — entspringen alle in den Westghats und fließen nach Westen der Arabischen See zu. Da sie fast das ganze Jahr über schiffbar sind, dienen sie als wichtige inländische Transportwege. Größter Strom des Landes ist der Mandovi, der auf 77 Kilometern durch Goa fließt. Im unteren Flußlauf liegen zahlreiche fruchtbare Inseln, die intensiv landwirtschaftlich genutzt werden.

Geschichte

Der Beginn einer Legende

„Drei Wochen kehrte er immer wieder zu dem roten Felsenriff zurück und schaute aufs Meer hinaus. Endlich gab Brahma ihm die Erleuchtung. Der göttliche Pasuram spannte seinen Bogen und schoß einen Pfeil ins Meer. Daraufhin zerteilte ein mächtiger Sturm das Wasser, und ein fruchtbarer Streifen Land tauchte auf mit grünen Kokospalmen, sanften Berghängen, Flüssen und blumengeschmückten Ebenen: Goa.“ (aus der Mahabharata) Als „Gopakattam“, „Govapuri“ und „Gomant“ bezeichnen alte hinduistische Inschriften und Legenden wie das Mahabharata den schmalen Küstenstreifen, in dem das sagenhafte Volk von Gomantah lebte. Die offizielle Geschichtsschreibung setzt um 300 v. Chr. ein. Damals war Goa Teil des maurischen Reiches. Zu Christi Geburt regierten die Satavahanas von Kolhapur das Land, gefolgt vom Herrschergeschlecht der Chalukyans aus Badami (580 bis 750 n. Chr.). Sie wurden zu Beginn des 11. Jahrhunderts verdrängt von den Kadamba-Königen, die erstmals eine Siedlung gründeten. Ihre Hauptstadt Chandrapura, später in „Govopuri“ umbenannt, lag am Ufer des Zuari-Flusses. Um 1312 eroberten Bahamani-Moslems die Stadt und regierten 58 Jahre lang das Land, bis ihr Haupthandelspartner, das mächtige Königreich von Vijayanar, 1370 unter Harihara I. Goa annektierte. Unter den Vijayanar-Königen herrschte hundert Jahre lang Frieden in Goa. 1470 jedoch forderten die Bahamani-Moslems unter ihrem Führer Mahmud Gavan den fruchtbaren Küstenstreifen zurück. Ihre Hauptstadt Elo gründeten sie am Mandovi an der Stelle des heutigen Alt Goa. 1482 eroberte Yusuf Adil Shah von Bijapur mit seinen Truppen die kleine Handelsniederlassung und baute sie zu seiner Residenz aus.

Kanonen, Kirchen und Kommerz

19. Dezember 1961: Knapp 14 Jahre nach dem vergeblichen Versuch, Goa auf dem Verhandlungswege dem jungen indischen Staat einzuverleiben, läßt Staatspräsident Jawaharlal Nehru 30 000 indische Soldaten gegen 3000 Portugiesen aufmarschieren. Die Armada des indischen Indiens,

unter den Briten gedrillt und mit sowjetischen Waffen ausgerüstet, kämpft zur See gegen völlig veraltete portugiesische Schaluppen, zu Lande gegen kriegsentwöhnte Söldner einer nur noch dahinvegetierenden Kolonialmacht. Die militärisache Operation „Fliegenklatsche" trifft die portugiesischen Kolonialherren völlig unvorbereitet und integriert Goa, zusammen mit seinen beiden nördlichen Stützpunkten Daman und Diu im Gujarat, als „territories" in die indische Unionsrepublik. Nehru brauchte diesen innenpolitischen Triumph, um in der Außenpolitik einen möglichen Krieg gegen China aufzufangen. Doch ganz so schnell mochte sich Portugal trotz seiner Niederlage nicht vom „Goa Dourada", seinem „Goldenen Goa" trennen: Noch 13 Jahre lang unterhielt Lissabon eine goanische Exilregierung. Erst die „Revolution der Nelken" schuf 1974 die Voraussetzung zur Wiederaufnahme diplomatischer Beziehungen zwischen Delhi und Lissabon.

Es grünt so grün: Areca-Palmen-Plantage bei Aldona

451 Jahre lang hatte die Stadt am Tejo die Geschicke Goas bestimmt.
Für eine kurze Blütezeit war Lissabon der größte Handelsplatz unter der
Sonne und sicherte seinem Monarch Manuel I. den klangvollsten Titel,
den im frühen 16. Jahrhundert ein Herrscherhaus in Europa vergeben
konnte: „König von Portugal und der Algarve, Herr der Schiffahrt und der
Eroberung von Äthiopien, Persien und Indien." Die Voraussetzungen für
den sagenhaften Aufstieg Portugals hatte gut hundert Jahre zuvor Heinrich der Seefahrer geschaffen. Mit der Einführung des Kompasses in die
Navigation und der Schaffung eines wendigeren Seglers, der Karavelle,
mit der man auch gegen den Wind steuern und somit Kurs halten konnte, schuf Heinrich die notwendigen nautischen Voraussetzungen für ausgedehnte Entdeckungsfahrten. Wirtschaftlich gesehen, versprach der
Sklavenhandel einträgliche Gewinne. Auch war die Augsburger Handels-
familie der Fugger dem jungen Prinz Heinrich, der in der Erbfolge hoffnungslos zurücklag, ein Dorn im Auge — kontrollierte sie doch in ganz
Europa mit ihrem Monopol den Handel mit Luxusgütern wie Seide, Jade
und Gewürzen.
1497 schließlich betritt ein Mann die politische Bühne, dessen Namen
die zweitgrößte Stadt Goas trägt: Vasco da Gama. Mit vier Schiffen und
140 Mann Besatzung verläßt der militärische Kommandant und Diplomat
noch im selben Jahr Lissabon, um den Seeweg nach Indien zu finden.
Zuvor war im Vertrag von Tordesillas Spanien die westliche, Portugal die
östliche Hemisphäre zugesprochen worden. Vorbei an den portugiesischen Handelsstationen an der Westküste Afrikas umsegelt Vasco da Gama — zehn Jahre nach Bartolomeu Dias gescheitertem Versuch — sicher das Kap der Guten Hoffnung, läßt Mosambik hinter sich liegen und
trifft in Mombasa auf arabische Händler. Der Empfang ist feindselig. So
segelt Vaso da Gama nach Malindi weiter, wo er in Ahmed Ibn Majid einen erfahrenen Seemann findet, der seine Flotte als Steuermann nach
Calicut an die indische Malabarküste führt, rund 3000 Kilometer südlich
von Goa.
Bei seiner ersten Landung gelingt es Vasco da Gama nicht, die Handelsniederlassung Calicut einzunehmen und eine portugiesische Kaufmanns-
siedlung zu gründen. Er bittet den König um Hilfe, und so bricht 1500
ein Verband von 13 kanonenbestückten Schiffen mit 1200 schwer bewaff-

neten Soldaten unter dem Kommando von Pedro Alvares Cabrals nach Calicut auf. Während sich Vasco da Gama mit seiner Flotte bereits auf der Heimreise befindet, gelingt Cabral unter dem militärischen Druck nun die Gründung einer Handelsniederlassung. Blutig schlägt er jeglichen Widerstand nieder. Bei 800 Arabern rollen die Köpfe. Vor seiner Abreise schießt er die Stadt in Brand.

1502 bricht Vasco da Gama zu seiner zweiten Reise auf. Jetzt zeigt sich, daß Cabrals blutiges Vorgehen nur ein kleiner Vorgeschmack gewesen war. Um die alten Handelsstränge zwischen den Arabern, Persern und Türken zu zerstören, schrecken die Portugiesen vor keiner Grausamkeit zurück. Vasco da Gama plündert und versenkt alle arabischen Schiffe im Hafen von Calicut. Mit abgeschnittenen Händen und Ohren werden die Besatzungen in die Stadt geschickt, um den Abzug aller Araber vom Raja, dem indischen Fürsten, zu erzwingen.

1510 beginnt eine neue Phase in der portugiesischen Kolonialpolitik. Alfonso de Albuquerque, der Mann mit den klarsten Vorstellungen über die Zukunft der neuen überseeischen Besitzungen, wird zum angesehensten und vertrautesten Berater des Königs. Er schlägt ihm vor, ein Netz von befestigten Handelsniederlassungen zu gründen, die von einer bewaffneten Mannschaft zu sichern seien. Im Schutze des Forts sollte mit den Einheimischen Handel getrieben werden. Eine Durchdringung des Hinterlandes im Sinne kolonialer Landnahme war zunächst (noch) nicht vorgesehen. Albuquerque fand seinen Stützpunkt im späteren Goa Velha, damals noch eine kleine Handelsniederlassung rund 12 Kilometer flußaufwärts des Mandovi. Sie war um 1480 von Arabern gegründet worden, die mit den benachbarten hinduistischen Königreichen von Bijapur und Vijayanagar Handel trieben. Goas Standortvorteile waren offensichtlich: Die nahen Westghats mit ihren ausgedehnten Teakholzwäldern ermöglichten den Bau und die Reparatur von Schiffen; zudem verfügte die Siedlung bereits über einen gut ausgebauten und leicht zu verteidigenden Hafen. Mit 25 Karavellen landete Albuquerque hier 1510. Seine 60 000 Soldaten töteten oder vertrieben die knapp 7000 ansässigen Moslems in wenigen Tagen. Rasch wurden neue Befestigungsanlagen errichtet. Die vorhandene Residenz ließ Albuquerque durch ein Spital und eine Münzpräge erweitern. Den absolutistischen Machtanspruch seines Königs verdeutlichte er durch die Grundsteinlegung zu mehreren Kirchen. Die neue Siedlung blühte rasch auf. Bereits 1565 zählte sie 250 000 Einwohner. Ihren Reichtum verdankte sie dem Handel mit dem Königreich Vijayanagar im rund 350 Kilometer entfernten Hampi im heutigen Staat Karnataka, das für den Kampf gegen die aus Nordindien eindringenden Moghulen Reitpferde brauchte. Durch das Tropenklima und die zahlreichen Schlachten war der Bedarf dementsprechend groß. Daneben war Goa die entscheidende Drehscheibe für den Handel mit Südostasien, wo die Portugiesen unter anderem in Kanton, Malakka und Macao Handelsniederlassungen besaßen.

Auf das traditionelle Leben der Einheimischen übten die neuen Herren anfangs wenig Zwang aus. Zunächst herrschte religiöse Toleranz. Lediglich die Witwenverbrennung, das von den den Engländern erst 1875 per Gesetz untersagte „sati", wurde verboten. Kooperation statt Konfrontation hieß für wenige Jahre die Devise. Die unter den Arabern hohen Steuern wurden gesenkt, Inder an der Verwaltung der neuen Stadt beteiligt. Wesentliches Ziel der Kolonialpolitik war auch ein gezieltes Bevölkerungswachstum. Da das Mutterland damals selbst nur knapp eine Million Einwohner besaß, kam es bald zu „Engpässen": Portugals Äcker lagen brach, da zu viele das schnelle Geld im Indienhandel suchten. Unzählige Menschen starben auf den Überfahrten oder wurden durch Tropenkrankheiten dahingerafft. So setzte Albuquerque gegen den Willen der Kirche die Mischehe durch: Seine Seeleute durften sich Inderinnen zur Frau nehmen. Sogar portugiesische Waisenkinder wurden zusätzlich „zwangsemigriert" nach Goa, um mit christlich konvertierten Inderinnen verheiratet zu werden. Wenn dagegen goanische Jungen ihren Vater verloren, wurden sie zur Erziehung ins Kloster gegeben. Goas kommerziell-weltliche Kolonialisierung ging rasch Hand in Hand mit seiner religiösen Unterwerfung: Die Kirche meldete ihren Machtanspruch durch intensive Missionsbemühungen an. Schon auf den ersten Schiffen fuhren Dominikaner mit. 1517 folgten die Franziskaner und erst zwanzig Jahre später der wichtigste Orden, die Jesuiten unter ihrem Führer Franz Xavier. Als wichtigstes Instrument zur Bekehrung der Heiden sah die Kirche den Kampf gegen Unwissenheit und Analphabetismus. Unzählige Gemeindeschulen und eine angesehene Universität wurden gegründet. 1514 folgte ein Priesterseminar. Hier erhielten auch Inder eine Ausbildung, jedoch keine priesterliche Weihe. Unter dem Druck der Gegenreformation wich die religiöse Toleranz dem Schreckgespenst der Inquisition. Indern wurde neben der Kastenordnung auch die Ausübung ihrer Religion verboten. 1567 wurden alle hinduistischen Tempel zerstört und, zum Zeichen der Macht der neuen Herrscher, durch prunkvolle Kirchenbauten ersetzt.

1580 annektierte der spanische Monarch Philip I. Portugal. Bis 1640 blieb damit auch Goa spanisches Territorium. Ein Wappen über dem Santa Monica Konvent in Alt Goa zeugt noch heute von diesen sechzig Jahren spanischer Herrschaft, die der Kolonie einen ungeheuren Aufschwung bereiteten.

Das Ende der spanischen Herrschaft wurde durch einen fruchtbaren Angriff der Holländer eingeleitet. Die Antwort der Portugiesen war genauso

Exotisch: typisches Dorf mit alten, mediterran anmutenden Häusern unter Palmen

blutig wie damals bei Cabral: Alle holländischen Kaufleute wurden kurzerhand aufgehängt. Auch eine weitere holländische Attacke, die von See gegen das 1612 an der Mündung des Mandovi errichtete Fort Aguada geführt wurde, konnte noch erfolgreich abgewehrt werden. Cochin und andere kleine Pfefferhäfen fielen allerdings in die Hände des neuen Konkurrenten. Wie zuvor bei den Karavellen, so war auch diesmal die Überlegenheit zu See entscheidend für den Sieg: Nun verfügten die Holländer über wendigere und mit mehr Kanonen bestückte Schiffe. Holland verdrängte die Portugiesen aus Ceylon (1609), geriet aber mit den Engländern in erbitterte Konflikte. Die Ostindische Kompanie, Trägerin der englischen Kolonialpolitik, gab sich nicht mehr mit reinen Stützpunkten zufrieden, sondern betrieb organisiert und planmäßig die profitorientierte Kolonialisierung des Subkontinents. Die Zentren des indisch-britischen Weltreiches entstanden gut hundert Jahre nach Albuquerques Landnahme in Goa: Madras (1639), Bombay (1661), Kalkutta (1696).

Goa versank in jener Zeit in eine Art Lethargie, aus der es erst unter der Verwaltung Ponts (1750 — 1777) erwachte. Die Erneuerung Goas war vor allem intellektuell. Die Portugiesen konnten weder wirtschaftlich noch militärisch mit den Holländern, Engländern oder Franzosen in den Wettstreit treten. Anfang des 18. Jahrhunderts breitete sich in der Hauptstadt Goa Velha Malaria aus, der gut ein Zehntel der Bevölkerung zum Opfer fiel. Man verlegte daraufhin die Hauptstadt flußabwärts nach Panjim, das von nun an „Nova Goa" hieß. Alt Goa, verlassen und zur Bedeutungslosigkeit herabgesunken, wurde schnell von der alles erstickenden Vegetation überwuchert. Von den Häusern der Bewohner fehlen heute jegliche Spuren, nur die Kirchen haben überdauert.

Eine schillernde Figur jener Zeit war der Abt José Faria. Als seine liberale, nach Autonomie des Landes strebende Bewegung wieder einmal die portugiesische Herrschaft in Frage zu stellen drohte, schaffte man den unbequemen Abt kurzerhand nach Lissabon, wo er mit der Inquisition Schwierigkeiten bekam. Berühmter als seine Statue in Panjim wurde der Abt für uns durch seine abenteuerliche Flucht durch Frankreich. Alexandre Dumas verewigte ihn in der Gestalt des im Château d'If gefangenen Grafen von Monte Christo.

Unter dem Vorwand der Napoleonischen Kriege besetzten die Engländer Goa (1800 — 1802, 1808 — 1813). 1836 unterbreitete London ein Kaufangebot: 200 000 Pfund Sterling boten die Briten für die lusitanische Enklave — doch Lissabon weigerte sich rundweg. So bleibt es Ironie der Geschichte, daß Goa das Ende der Fremdherrschaft in Indien als einzige und zugleich älteste Kolonie überlebte. Als die Engländer durch ihren Rückzug die Gründung der Indischen Union am 15. August 1947 ermöglichten, gelang es Nehru nicht, Goa, Daman und Diu auf dem Verhandlungswege freizubekommen. Erst 1961, nach 451 Jahren, kam die „Befreiung".

Abschied vom Paradies?

Kaum befreit, kamen die neuen „Invasoren": Mitte der 60er Jahre wurde Goa zum Pilgerziel für Hippies und Aussteiger. Sex, Drogen und Rock'n'Roll bestimmten das Leben der Blumenkinder. Von den Einheimischen zunächst neugierig begafft, dann geduldet, lebten sie zurückgezogen in Kokoshütten und den mediterran anmutenden Häuschen, feierten ihre Strandpartys und führten ein „alternatives" Leben fernab von den Zwängen der Zivilisation Europas. Die friedliche West-Invasion wich Mitte der 80er Jahre dem organisierten Massentourismus, der den kleinen Staat in den Teufelskreislauf der Abhängigkeiten schickte: Der wirtschaftliche Boom zerstört seitdem die natürlichen Lebensgrundlagen des Landes. Zum Beispiel das Wasser: Sowohl 1987 und 1988 blieb der Monsun aus. Die Menschen prügelten sich verzweifelt um den letzten Tropfen Wasser, die Rasenanlagen der großen Hotels wurden dagegen regelmäßig gesprengt, die Swimmingpools täglich gereinigt und mit Frischwasser aufgefüllt. Der Grundwasserspiegel, der sich bis Mitte der 80er Jahre um 22 Meter bewegte, sinkt seit dem Tourismusboom besorgniserregend. Ein gleiches beim Strom: Das schwache Stromnetz ist durch die Hotelanlagen hoffnungslos überlastet. Stromausfall und dunkle Städte bei Nacht sind inzwischen goanischer Alltag.
Widerstand regt sich. Professor Sergio Carvalho, moralisch entrüstet über „den Verfall der Sitten durch die fetten, schlampigen, oft nackten Europäer", so in einem Interview in der Lokalzeitung „The Navhind Times"

im November '87, rief eine engagierte Bürgerbewegung ins Leben. Seine „Jagrut Goencaranchi Fauj" (JGF) empfing die Chartergäste der ersten Condor, die in Dabolim landete, am 7. November 1987 mit faulen Ei-
ern, Tomaten und Fischschwänzen. JGF-Führer Carvalho und seine beiden Gefolgsleute Roland Martin und Rodney Pereira wurden vor Ankunft
der zweiten Condor-Maschine am 14. November 1987 vorsorglich in Po-
lizeigewahrsam genommen. Zwei Wochen lang erhielten alle Hotels Po-
lizeischutz. Bewaffnete Soldaten im Kampfanzug begleiteten alle Transfer-
und Ausflugsbusse. Hotelgäste wurden gebeten, sich nur innerhalb der
Anlagen aufzuhalten. Inzwischen hat sich die Lage nach westlichen Maßstäben normalisiert. Das leicht hingeworfene Geld der Ausländer brach-
te die Inflation, Drogen machen jetzt auch einheimische Jugendliche süch-
tig, die steigende Kriminalität verbindet: Raub, Mord, Vergewaltigung ver-
drängten die bis dahin typische Kleinkriminalität bestehend aus Diebstahl
und vagen Gesetzesauslegungen. Calangute kann sich inzwischen mit
Miami Beach messen. Drinnen im Land, wohin sich das alte Goa geflüchtet
hat, tut man alles, um sich die Strandtouristen vom Leibe zu halten. Lieber ein paar Rupien weniger als nackte Fremde, heißt dort die Devise.
Zwischen sonnenhungrigen Europäern und indischen Flitterwöchlern auf
der einen Seite und den Goanern auf der anderen Seite klafft ein tiefer
Graben.

Getränke: →*Küche*

Gewürze

Gewürze sind die Seele der indischen Küche. Auch in goanischen Re-
zeptbüchern nehmen sie mindestens die Hälfte der langen Zutatenlisten
ein. Zum unerläßlichen Repertoire der Köche gehören stets Kardamon,
Nelken, Kreuzkümmel, Knoblauch, Ingwer, Pfeffer, Senfkörner, Safran und
Zimt; entweder ganz oder puderfein gemahlen. Den ersten Eroberern
schienen die für sie damals noch unbekannten Gewürze geschmeckt zu
haben — sie brachten sie mit nach Europa und revolutionierten so nicht

nur das christliche Weltbild, sondern auch die europäischen Kochtöpfe. Pfeffer, Nelke und Zimt, noch zu Höchstpreisen gehandelt, traten ihren Siegeszug auf dem Speisezettel an. Im Unterschied zu hiesigen Gewohnheiten verwendet der Inder seine Gewürze niemals einzeln, sondern gemischt. Diese „Masala" werden unterschiedlich nach Region, ererbtem Brauch oder religiösen Motiven zusammengestellt. Die jeweiligen Gewürzanteile des Masalas verleihen jedem Gericht seine typische Geschmacksnote. Den Europäern erscheint das „Madras-Masala" wie Feuer. Aus „Garam Masala", einer Mischung aus Zimt, Kardamon, Nelken, Koriander, Kreuzkümmel und Pfeffer, entstand unser Einheitsgewürz „Curry". Goaner verwenden „Garam Masala" mit Vorliebe für alle vegetarischen Gerichte, „Xacuti Masala" dagegen für alle heißen Fleischgerichte aus Krabben, Rind, Huhn, Hammel oder Schwein in einer öligen Soße. Mit „Curry" bezeichnet man in Indien dagegen komplette Hauptgerichte, bestehend entweder aus Fleisch („beef curry"), Gemüse („vegetable curry") oder Fisch (fish curry"). Trockene Curries heißen in Goa „baffat". Besonders lecker: Schweine-baffat — in die aromatische Soße werden kurz vor Ende der Garzeit Scheiben des milden indischen Rettichs beigegeben.
→*Küche*

Goa Velha

Die ähnlichen Namen sorgen für Verwirrung unter den Touristen, doch: Goa velha ist *nicht* Vel(h)a Goa, Alt Goa, der Kirchenpark im Dschungel, sondern bezeichnet die im 11./12. Jahrhundert errichtete zweite Residenzstadt der Kadamba-Könige, die sie auch Chandrapura nannten.

Gurudwara

Knapp ein Prozent der Goaner sind Sikhs. Ihr Glaubensgründer Guru Nanak (1496 — 1538), der erste von insgesamt zehn „Gurus" (Lehrern), verband Inhalte des Hinduismus und des Islam zu einer neuen Religion. Die Glaubensgrundsätze der Sikhs sind im „Granth Sahib", dem heiligen Buch, festgelegt. In ihren „Gurudwaras", den meist weiß gekalkten

Sikh-Kultstätten, treffen sie sich täglich kurz vor Einbruch der Dunkelheit zum gemeinsamen Gottesdienst. Ihre beiden einzigen Gotteshäuser erbauten die Sikhs auf dem Mangor Hill in Vasco da Gama sowie in Betim.

Harmal/Harbal: → *Arambol*
Hotels: → *Unterkunft*
Impfungen: → *Ärztliche Versorgung*

Kansarpal

Kansarpal ist 14 Kilometer nordöstlich von Mapusa in der Provinz Bicholim gelegen.
Sehenswert ist der **Shri Kalikadevi-Tempel:** Rund 800 Jahre alt soll dieser Tempel sein, der der Göttin Kali, der zerstörend-dämonischen Seite der Göttin Durga, geweiht ist.

Karten

Karten, die nur Goa darstellen, sind Mangelware. Meist sind sie nicht einzeln erhältlich, sondern den goanischen Tourist Guides beigeheftet. Am empfehlenswertesten ist die kostenlose Karte der Tourist Information im Maßstab 1:200 000, auf deren Rückseite neben einem Stadtplan von Panjim auch die wichtigsten Sehenswürdigkeiten, Strände, Übernachtungsmöglichkeiten und allgemeine Informationen zu finden sind. Übersichtskarten von Südindien taugen wenig, da Goa auf ihnen nur als kleiner Fleck erscheint — Touren- und Ausflugsplanungen sind damit unmöglich.
→ *Literatur*

Kawale (Quela)

Die Ortschaft Kawale mit knapp 7000 Einwohnern ist circa 2,5 Kilometer westlich von Ponda gelegen. Hier befindet sich das Glaubenszentrum der „smartas" oder „shaivas", der Shiva-Anhänger. In der Klosterschule Kaivalyapur Matha werden die jungen Brahmanen zu Priestern ausgebildet.

Kawale / **Sehenswürdigkeiten**

Shantadurga-Tempel: Mitte des 18. Jahrhunderts wurde dieser Tempel an der Stelle errichtet, wo laut der lokalen Mythologie Shantadurga als Friedensbotin erschienen ist, um einen Streit zwischen Shiva und Vishnu zu schlichten. Die Statue der Göttin steht daher auch in der Mitte zwischen den beiden rivalisierenden Göttern.

Kino

Nicht Hollywood, sondern die indische Filmindustrie produziert die meisten Filme der Welt. Rund 500 bis 600 Streifen drehen die indischen Filmateliers jährlich. Über die Hälfte der Spielfilme werden in Bombay produziert. Auch wenn man die Sprache nicht versteht, sollte man sich einmal einen Abend im Kino gönnen. Da das Analphabetentum auf dem Subkontinent noch weit verbreitet ist, bieten die meisten indischen Filme wirklichkeitsnahe, bodenständige Unterhaltung. Klamauk und Tragik, Romantik und Action gehen dabei eine so unverwechselbare Mischung ein, daß man dieser speziellen Filmgattung einen eigenen Namen gab: „Masala"-Filme. So wie das Gewürz, das aus den unterschiedlichsten Zutaten zusammengefügt wird, entstehen auch diese Unterhaltungsfilme, die keinen hohen Anspruch an den Intellekt stellen: Sie wollen unterhalten und vom Alltag ablenken.

Über das jeweilige Kinoprogramm informieren allerorts großflächige, knallige Plakate. Da die Inder ihr Kino lieben, empfiehlt es sich, rechtzeitig vor Vorstellungsbeginn die Karten zu kaufen. Telefonische Reservierungen haben meist keinen Erfolg. Täglich finden vier Vorstellungen statt.

Panjim: Cine Samat/Ashok

Cine El Dorado, Tel. 29 27

Cine National, Tel. 25 65

Vasco da Gama: Cine, Tel. 22 57

El Monte, Tel. 24 39

Margao: Cine Lata,

Cine Metropole, Tel. 21 68

Cine Vishant, Tel. 25 58

Mapusa: Cine Alankar
El Capitan
Ponda: Aaisha
Calangute: Cine Shantadurga
Ribandar: Gulmarg
Churchorem: Cine Prashant
Niagara Cinema
Cine Shamim
Sanquelim: Cine Sanquelim

Kleidung: →*Ausrüstung*

Klima

Das ganze Jahr über bietet Goa ein feucht-heißes Klima. Von Juni bis
Anfang September verwandeln Monsunregen das Land in die reinste
Schlammwüste, Krankheiten und Seuchen erreichen ihren Höhepunkt.
Die See ist so aufgewühlt, daß Schwimmen den sicheren Tod bedeutete.
In den letzten Jahren blieb jedoch der Monsunregen aus. Von Oktober
bis Ende April fliegen westeuropäische Reiseveranstalter Goas Traum-
strände an. Am schönsten ist es von November bis März. Im Dezember
fallen indische Flitterwöchler in das Land ein. Doppelbelegungen in den
Hotels sind die Folge.

Klimatabelle (in Grad Celsius)

Monat	Minimum	Maximum
Januar	19,8	32,1
Februar	20,4	31,8
März	22,8	32,3
April	26,3	33,1

Der Erdboden ist der ideale Trockenplatz für die eiergroßen Betelnüsse ▶

Mai	24,3	33,3
Juni	23,9	30,2
Juli	23,9	28,8
August	23,5	29,2
September	23,5	29,5
Oktober	23,6	31,3
November	21,8	32,8
Dezember	20,2	32,7

Die Niederschläge, zwischen 304 mm und 381 mm schwankend, fallen meistens in der Monsunzeit von Juni bis September. Der durchschnittliche Jahresniederschlag liegt bei 3500 mm.

Konsulate: →*Botschaften*
Krankenhäuser: →*Ärztliche Versorgung*
Kreditkarten: →*Devisenbestimmungen, Geld*

Kriminalität

Schwere Kriminalität wie Vergewaltigung oder Mord ist noch selten in Goa, Diebstahl dagegen fast ein „Kavaliersdelikt" — wer beklaut wird, war einfach zu dumm und leichtsinnig und daher selber schuld. Besonders an den Stränden passieren „Beschaffungsdiebstähle" für Drogen leider immer häufiger. Daher: Papiere und Wertgegenstände in den Hotels lassen — sie stellen für Gäste ihre Safes kostenlos zur Verfügung. Am Calangute Beach kann man Paß und Geld auch zur Aufbewahrung bei der Bank of Baroda hinterlegen. Außerdem sollte man die Standardregeln beachten: Handtaschen vor dem Bauch tragen, ebenso die Kameras. Bauchgurte sind Brustbeuteln vorzuziehen, etwas Kleingeld sollte man immer schon in der Hosentasche parat haben. Wer mit seinem Reichtum protzt, wird garantiert bestohlen; wer dagegen nach außen bereits Vorsicht präsentiert, wird selten zum Opfer.

Küche

Masala und Meer

Seit Jahrhunderten genießt die goanische Küche weltweit einen ausgezeichneten Ruf. Besonders bei den Briten galt es als schick, sich einen Koch aus Goa zu halten. Der Grund dafür ist denkbar einfach: Während sich die südindische Küche rein vegetarisch gibt, der Norden noch Geflügel- und Hammel-Gerichte aus dem Tandoor (Holzofen) zuläßt, führten die Portugiesen Fleisch auf der Speisekarte ein, besonders vom Schwein — ein kulinarisches Unikum auf dem Subkontinent. Selbst das traditionelle Weihnachtsmenü des viel mächtigeren britischen Kolonialherren konnte so verdrängt werden: Statt Truthahn werden knusprige Spanferkel als Festmenü serviert. Einen Versuch wert ist das Schweineinad. Sein delikates süßsaures Masala besteht aus Tamarinde, Nelke und Zimt in etwas Essig mit Zucker.

Unter den Fischen genießt der „Pomfret", geschmacklich einer übergroßen Scholle ähnlich, in Goa höchste Beliebtheit — pikant zubereitet als „pomfret masala", gekocht oder gegrillt. „Kingfish" (Königsdorsch), etwas milder, wird meist als Filet angeboten. Langusten, Hummer, Krebse und andere Meerestiere sind in Goa überall sehr preiswert. Selbst in den kleinsten Strandhütten werden sie frisch auf vielfältigste Weise zubereitet. Besonders lecker sind sie knusprig in Knoblauchbutter über dem offenen Feuer gegrillt. Als Beilagen werden Reis, Chapati oder Naan, das sind dünne bzw. dickere Teigfladen aus Reismehl, gereicht.

„Bebinka" heißt eine kalorienreiche Versuchung, für die die Goaner alles stehen lassen: Mehrere Teiglagen werden mit Kakao, Honig und Öl getränkt, heiß oder warm serviert, pur oder mit einer Kugel Vanille-Eis garniert. Auf ungeschältes Obst sollte man aus gesundheitlicher Vorsorge als Nachtisch verzichten. Zu empfehlen sind mit Zitrone beträufelte Papaya, deren Fruchtsaft beruhigend auf den Magen wirkt, sowie frische Mango oder die kleinen, sehr aromatisch-fruchtigen Bananen. Dhosas, hauchdünne Reismehlpfannkuchen, die mit Gemüseragout, Hülsenfrüchten oder Chutney gefüllt werden, verzehren die Goaner sowohl zum Frühstück als auch als kleinen Happen zwischendurch.

Unter den Getränken sollte man unbedingt einmal „Lassi" probieren, ein gekühltes Joghurtgetränk, das entweder „plain" (natur), „sweet" (gesüßt) oder „salted" (gesalzen) angeboten wird. „Feni", den einheimischen Cashew-Schnaps, trinkt man pur oder gemixt mit „Limca", gelber Brause. Die meisten indischen Weine ähneln eher Ports oder Sherries. Den europäischen Weinen entsprechen am ehesten die Marken „Golconda" und „Bosco". Von den Bieren sind nur „Kingfisher", „London Pilsener" und „Lager 77", nur in 0,7 Liter Flaschen im Handel, zu empfehlen. Alle anderen Marken haben eine fatale Ähnlichkeit mit Abwaschwasser — nur der Name erinnert an den eigentlichen Inhalt.

Kleines Speiselexikon

Aloo Gobi — vegetarisches Gericht aus Blumenkohl und Kartoffeln, mit Kümmel gewürzt in einer milden Curry-Sauce angerichtet.

Baby sharks — kleine Haifische

Brinjal — Aubergine, meistens gedünstet

Crabs — Krabben

Clams — Muscheln

Dal — grober Brei aus Hülsenfrüchten, meistens aus Linsen oder Erbsen gekocht.

Gajar Halva — Karotten-Halva, wird gerne mit eßbarem Blattsilber garniert.

Kingfish — Königsdorsch

Kofta — Bällchen,

Malai Kofta — Hackfleischbällchen

Palak Kofta — Spinatbällchen

Kulfi — Milchreis mit Kardamon

Oysters — Austern

Palak — Spinat, wird in Öl gedünstet als Salat oder zusammen mit Käse-Würfeln als „Palak Paneer" als vegetarischer Hauptgang serviert.

Paneer — indischer Weißkäse, tofu-ähnlicher Geschmack

squid — Tintenfisch

Tiger prawns — Tigergarnelen

Toddy — Palmsaft, wird zur Herstellung von Schnaps und Süßigkeiten verwendet

→*Gewürze*

Literatur

APA Guides: „Indien". Nelles Verlag, 1986 (reich bebilderter Reiseführer mit kulturellem und politischem Hintergrund)

Nelles Guides: „Indien Süd". Nelles Verlag, 1990

Merian: „Indiens Süden". Heft 10/40 (der südliche Teil des Subkontinents aus der Sicht internationaler Autoren. Acht Seiten speziell zu Goa)

N. Gutschow / H. Pieper: „Indien". DuMont, 1986 (ausführlicher Kunstreiseführer)

Edi Schwager: „Indien selbst entdecken". Regenbogen-Verlag, 1988

Sigrid Schweizer: „Indien". Reihe: Preiswert Reisen. Hayit Verlag, 1987

Robert Strasser, „Goa — Paradies am Indischen Ozean". Indoculture Reisebibliothek (Kunstgeschichte pur mit Pflichtabstecher zu Strand und Hotel), Indoculture Verlag, 1987

Der Vorplatz der Heiliggeistkirche in Margao wird gesäumt von über 300 Jahre alten Kolonialvillen

Geoff Crowther, Prakash A Raj, Tony Wheeler: „Indien Handbuch". Verlag Gisela E. Walther, 1988 (deutsche Überarbeitung vom englischen Standardwerk „India-A Travel Survival Kit")

Am aktuellsten sind die englischsprachigen Führer:

Manshar Mulgastion/Mario Miranda, „Inside Goa" „Latest Tourist Guide Goa", Asha Publishing House, 1988 (inklusive einer guten Straßenkarte im Maßstab 1:200 000 sowie Stadtplänen von Panjim und Margao)

„TPT Guide Book to Goa", 1987 (Kurzführer mit guter Straßenkarte im Maßstab 1:160 000, Übersichtskarte Panjim)

Antonio Menezes, „Goa — A Brief Historical Sketch". AMA Travel Publications, 1988

Mariano Dias, „Old Goa — Rome of the East". St. Francis Xaxier Centre for the Handicapped, 1987

Mapusa (Mapuca)

Die Hauptstadt der Provinz Bardez mit gut 30 000 Einwohnern, 13 Kilometer nördlich von Panjim gelegen, ist das wirtschaftliche Zentrum Nordgoas. Die Stadt, im Dialekt kurz „Mapsa" genannt, bietet keine nennenswerten Sehenswürdigkeiten. Einzig der Wochenmarkt am Freitag, bekannt für seine preiswerte Modekleidung, lohnt einen Bummel.

Mapusa / **Praktische Informationen**

Apotheke: Cosme Matias Menezes, nahe dem Rathaus, Tel. 2 78; Menezes & Cia., nahe dem Rathaus, Tel. 1 43; Union Pharmacy, nahe dem Busbahnhof; Joao Menezes Pharmacy, am Markt; Drogeria Colvakar, nahe dem Rathaus, Tel. 3 22.

Essen und Trinken: Imperial Bar & Restaurant: sauber, überwiegend einheimische Gäste.

Tourist Hotel: großer öffentlicher Speisesaal.

Krankenhaus: Tel. 23 72

Polizei: Tel. 22 31

Übernachtung: *I. Westlicher Standard*

Satyahara Hotel, Tel. 28 49, Klimaanlage, TV.

Hotel Bardez, Tel. 26 07

Tourist Hotel, am Kreisverkehr / Ortsausgang Richtung Anjuna.

II. Indischer Stil

Hotel Safari, gegenüber der Mamlatdar's Office.

Janki Shankar Lodge, Kareka Building, Tel. 4 01, einfache Doppelzimmer.

Verkehrsverbindungen: Mapusa ist der Verkehrsknotenpunkt im Norden. Die Busse verkehren überwiegend nach Bedarf, das heißt ohne festen Fahrplan. Besonders die Pendelbusse nach Vagator und Anjuna quellen von westlichen Rucksacktouristen, die ihr Gepäck nicht dem Busdach anvertrauen wollen, über. Nach 20 Uhr verkehren keine Busse mehr.

Margao (Madgaon)

Margao, die zweitgrößte Stadt Goas mit rund 50 000 Einwohnern liegt 33 Kilometer südlich von Panjim mitten in der Salcete, der Reiskammer des Landes. Schon vor der portugiesischen Eroberung war die Stadt am nahen Sal-Fluß ein blühendes Handelszentrum. Die Legende berichtet, daß bereits um 3000 v. Chr. während der arischen Einwanderung hier Ackerbau betrieben wurde. Während der Kolonialzeit ließen sich viele landbesitzende Familien in der Provinzhauptstadt nieder.

Margao / **Sehenswürdigkeiten**

Heiliggeistkirche: Erzbischof Dom Gaspar de Pereira ließ 1565 die Stadtkirche Margaos auf den zerstörten Fundamenten des hinduistischen Haupttempels errichten. Die Wut über die „christliche" Fremdherrschaft war jedoch so groß, das Hindus und Moslems gemeinsam wenige Jahre später den Prunkbau in Flammen aufgehen ließen. Die rächende Brandstiftung war vergeblich: Der 1589 errichtete Barockbau manifestierte mit seiner noch üppigeren Ausstattung die Macht der Portugiesen.

Die hochherrschaftlichen Villen am großen Platz vor der Heiliggeistkirche, alle gut 200 bis 300 Jahre alt, wecken Erinnerungen an die Blütezeit der portugiesischen Kronkolonie. Den Schülerinnen der nebenan gelegenen Schule, geleitet von Nonnen des Heiliggeistklosters, dient der Kirchenvorplatz zum Sporttraining. In ihrer weiß-blauen Schuluniform üben die Mädchen hier Speerwerfen und treiben Gymnastik.

Aga Khan Park: Mitten im Zentrum gelegen, bietet der Stadtpark eine willkommene Erholung vom Staub und Lärm indischer Städte. Angeschlossen an einen kleinen Kinderspielplatz mit phantasievollen Holzgeräten ist eine gepflegte Grünanlage, deren tropische Blütenfülle leuchtend bunte Tupfer setzt.

Rechts und links der Station Road, die sich hinter dem **Municipal Building** (Rathaus) anschließt, bilden der alte Markt, **Mercado Vasco da Gama,** und der neue, **Mercado Alfonso de Albuquerque,** den größten und wohl schönsten **Markt** Goas. Entdecker kommen hier auf ihre Kosten.

Der Aga-Khan-Park in Margao ist ein kleines Paradies für Kinder

Margao / **Praktische Informationen**

Apotheke: Cosme Matias Menezes, gegenüber dem Rathaus, Tel. 22 14; Menezes & Cia., Markt, Tel. 21 18; Farmacia Salcete, Tel. 21 68; Drogeria Prakash, Lotlikar Building, Tel. 24 89; Hindu Pharmacy, nahe des Govind Buildings, Tel. 28 29.

Autowerkstätten: Narcinva D. Nalk, Tel. 2 11 43; Virgincar & Sons, Tel. 2 27 71; Jose Francisco dos Santos, Vidyanagar, Tel. 2 06 59.

Bahnhof: Tel. 2 22 52

Essen und Trinken: Hotel Sal Restaurant, Tel. 23 79.

Shalimar Cellar, neben dem Taxistand

Longuinhos Restaurant, neben dem Municipality

Venice Restaurant, Loiha Maidan

Nevette Restaurant, nahe dem Taxistand

Information: Tourist Information Centre, Rathaus, Tel. 25 13.

Krankenhaus: Tel. 2 21 64

Nachtleben: Hotel Sal Restaurant, „Cabaret Show", täglich außer montags, Tel. 23 79.

Polizei: Tel. 2 21 75

Reisebüro: Goa Travel Service, Vit-Rose Mansion, Isidoro Baptista Road; Suvina Travels, Gosalia Building, Tel. 32 52; Rau Raje Desprabhu, Tel. 24 40.

Übernachtung: *I. Westlicher Stil*

Hotel Metropole, Avenida Concessao, Tel. 31 69 und 34 05, zwei Restaurants, Bar, Diskothek, Dachgarten, Buchhandlung.

Hotel Sal, Rua Martires, in der Nähe des Hari Mandir, Tel. 23 79.

Hotel Mabai, am oberen Ende der Municipal Gardens, Tel. 36 53-4-5, Restaurant, Bar, Dachgarten.

Hotel Woodlands, Tel. 31 21.

Tourist Hotel, nahe des Marktes.

II. Indischer Stil

Government Rest House, Monte Hill, Tel. 29 96.

Carolina Hotel, nahe des Cine Lata.

Durga Hotel, Khanbard Road, Tel. 23 06.

Goa Guest House, nahe der Bahnschranke, Tel. 22 57.

Gokula Hotel, hinter der Grah-Kirche, Tel. 31 18.
Hotel Bambino, Fr. Miranda Road, Tel. 31 34.
Hotel Paradri, gegenüber des Milan Hotels.
Royal Hotel, nahe der Bank of Baroda, Tel. 22 03.
Hotel Three Star, Road Madla Bazar.
Hotel Naaz, Khareband Road, Tel. 32 01.

Verkehrsverbindungen: Stündlich verkehren Pendelbusse über Benaulim nach Colva und weiter südlich nach Betul. Fahrtdauer: 1/2 Stunde nach Colva, etwas über eine Stunde nach Betul. Die Strecke nach Panjim, die 1,5 Stunden Fahrt in Anspruch nimmt, ist eine der schönsten Hauptverkehrsstrecken des Landes. Besonders eindrucksvoll ist der Blick vom Scheitelpunkt der Zuari-Brücke.

Margao / **Umgebung**

Die nahe Umgebung der Provinzhauptstadt bietet einige interessante Sehenswürdigkeiten:

Rachol-Seminary: Etwa drei Kilometer von der kleinen Ortschaft Raia entfernt, befindet sich das architektonisch interessante Rachol-Seminar mit seiner Kirche aus dem 17. Jahrhundert. Das Innere birgt bemerkenswerte religiöse Wandgemälde.

Sehenswert ist ferner die alte, inzwischen nicht mehr benutzte Bibliothek. Früher galt sie als eine der besten Bibliotheken des Landes. Im Rachol-Seminar befindet sich heute eine der wenigen evangelischen Schulen Goas.

Christ Ashram Exorzist Centre: Östlich der Straße Margao-Cortalim bei der Ortschaft Nuvem findet hinter hohen Mauern eine ernstgemeinte katholische Teufelsaustreibung in hinduistischem Ambiente statt. Der Andrang ist enorm: Tagtäglich hockt eine lange Warteschlange davor — meist sind es Frauen und junge Mädchen in Saris, denen die ,,Flausen'' ausgetrieben werden sollen.

Märkte

In fast allen Orten finden einmal oder mehrmals in der Woche Märkte statt — verkauft wird alles vom Plastikeimer bis zum gepökelten Fisch, von der Papaya bis zum Sari.

Mayem

Mayem ist ein kleiner Ort am gleichnamigen See in der Provinz Bicholim. Seine idyllische Lage inmitten grüner Hügel macht den Badesee zu einem beliebten Picknickplatz für Einheimische und Urlauber.

Übernachtung: Mayem Lake Resort, Tel. Bicholim 94 (Reservation Authority Caretaker).

Mayem / **Umgebung**

Shri Sapta Koteshwar-Tempel: unweit von Narve gelegen. Besonders die Kadamaba-Könige verehrten die Tempelgöttin. Ursprünglich befand sich das Heiligtum auf der Diwadi-Insel. Nach seiner Zerstörung durch die Portugiesen wurde die Gottheit an ihren jetzigen Standort gebracht. 1668 vertrieb Chatrapati Shivaji die Portugiesen aus dem kleinen Ort und ließ den Tempel restaurieren. Die Lingam mit ihren verschiedenen Facetten wird als „dharlinga" verehrt.

Medikamente: →*Ärztliche Versorgung*
Mietwagen: →*Reisen im Lande*
Miramar-Beach: →*Gaspar-Diaz-Beach*

Molem Nationalpark

Der auch „Bhagwan Mahaveer Sanctuary" genannte größte Nationalpark Goas verläuft mit 240 Quadratkilometern entlang der nordöstlichen Staatsgrenze zu Karnataka am Fuße der Westghats, die hier bis zu 800 Metern aufsteigen. Das Wild- und Naturschutzgebiet beginnt am Ortsausgang Molem beim Tourist Center, das auch einfache, saubere Unterkünfte zu niedrigen Preisen anbietet.

Zu große Hoffnungen bei der Wildbeobachtung sollte man jedoch nicht hegen, da bis 1972 Wilddiebe den Park konsequent räuberten. Inzwischen hat sich der Wildbestand einigermaßen erholt. Schakale, hier „wild dogs" genannt, Python, Königskobra, „sloth bears" (Faultiere) und Hunderte von Affen leben im Reservat. Einheimische glauben, daß neben den

80 Gaurs (Bisonart) auch noch der eine oder andere Panther durch das Unterholz streift.

Besonders interessant ist der Bergwald, der mit zunehmender Höhe immer üppiger wird. Die Aussicht von der Panoramastraße, der Nationalstraße nach Karnataka, in 600 Meter Höhe über Bambusdickichte, verwegen mit Efeu und Lianen behangene Bäume und exotische Blüten hinab in die weiten Ebenen bis an das Meer ist schlichtweg atemberaubend. Seit 1987 werden Park-Touren und geführte Wanderungen zu Hochsitzen (machan) angeboten. Auf keinen Fall sollte man die Beobachtungsstände auf eigene Faust ersteigen.

Information: Park Office (neben Forest Rest House)
Übernachtung: Forest Rest House, Tourist Cottages

Mormugao

An der Mündung des Zuari-Flusses in die Arabische See liegt unweit von Vasco da Gama Goas Hauptumschlagsplatz für ein- und auslaufende Schiffe: Mormugao. Der Naturhafen, durch seine Lage vor den Monsunwinden geschützt, ist Goas einziger Hafen mit ganzjährigem Betrieb. Durch britische Hilfe bei Planung und Finanzierung konnte Goa seinen Erzhafen gezielt nach internationalen Maßstäben ausbauen. Der Hafen, zugleich größter Arbeitgeber in Vasco, beschäftigt zahlreiche Gastarbeiter aus den indischen Nachbarstaaten. Als 1987 die Werftarbeiter für höhere Löhne streikten und über Wochen die Arbeit niederlegten, führte die Aktion beinahe zum Sturz der goanischen Regierung. Mormugao ist zugleich Goas einziger Marinestützpunkt.

Sehenswert ist das **Fort Mormugao.** 1624 zum Schutz des damals kleinen Hafens erbaut, wurde es im 19. Jahrhundert als Garnisonssitz großzügig erweitert.

Trotz Verfallserscheinungen zeugt diese Villa am Alten Markt in Margao noch von ehemaliger Schönheit ▶

Museen

* Alt Goa: Archäologisches Museum und Portraitgalerie, Kloster der Hl. Franz von Assisi-Kirche, Tel. 59 41. Geöffnet: 10-12/13-17 Uhr; freitags geschlossen.

* Panjim: Museum von Goa, Daman & Diu / Historisches Archiv, Ashirwar Building, 1. Stock, Santa Inez, Tel. 60 06. Geöffnet: 9.30-13/14-17.30 Uhr; sonnabends, sonntags und an öffentlichen Feiertagen geschlossen. Galleria Esperanza (gegenüber der Merces-Kirche), Vodi Merces. Geöffnet: 9-12/14-18 Uhr; Voranmeldung empfehlenswert.

Musik

Musik ist untrennbar mit dem Lebensstil Goas verbunden. Während allerdings mediterran anmutende Klänge aus den Häusern dringen, portugiesische Melodien durch die Altstadt klingen, häufig Einheimische am Straßenrand mit Gitarre oder Mandoline zu sehen sind, besitzt die klassische indische Musik in Goa keinerlei Tradition. Auch die verstärkte Hindu-Zuwanderung konnte daran nichts ändern: Die Jugendlichen brachten eher amerikanische Popsongs als traditionelle Ragas oder Sitarmusik mit. Zu einer der populärsten Musikformen zählen „mandos", lyrische Liebeslieder. Trauriger, vom Weltschmerz geprägt klingen die „fados", die vor über 500 Jahren in der Lissabonner Altstadt entstanden und sich bis heute in ihrer alten Form in Goa erhalten haben. Wer neugierig auf diese Musik ist, sollte sich die Kassette „Goa — meu amor" von Orlando and his Folkloristes im örtlichen Musikhandel besorgen. Während auf der A-Seite die populärsten lusitanischen Volkslieder aufgenommen sind, präsentiert die B-Seite ursprünglichen Folk auf Konkani. Die Vokalisten dieser Kassette, Annette Pinto, Cynthia Largo Afonso, Shramila Colaco und June D'Gracias, gehören mit zu den bekanntesten Stimmen des Landes. Sie alle haben auch Soloalben verlegt.
Goas multikulturelles Klima bietet zudem einen ausgezeichneten Nährboden für Popmusiker, die auch außerhalb Indiens erfolgreich bestehen. Remo, Goas Vorzeige-Popstar, erreichte mehrmals beim „Grand Prix d'Eurovision" mit seinen Kompositionen, interpretiert von deutschen oder fran-

zösischen Sängerinnen, vordere Plätze. Auf der Kassette „Old Goan Gold" interpretiert Remo klassische Folksongs auf Portugiesisch und Konkani. Mit politischem Biß dagegen präsentiert sich seine Sammlung „Goan Crazy". Goas Musik drang sogar bis zu „Derrick": 1988 schrieb Remo für mehrere Folgen die Titelmusik. Schließlich genießt auch klassische europäische Musik in Goa ein hohes Ansehen. Alljährlich im November feiern Freunde der klassischen Musik in Margao das „Dirdi-Festival".

Nationalpark

Goa unterhält bislang drei Nationalparks nach den Richtlinien der „Wild Animals and Birds Protection Act" von 1968. Das erste meeresbiologische Reservat befindet sich bei Dona Paula im Aufbau. Eine große Gefährdung des Tierbestandes erfolgte durch die „poachers", illegale Wilddiebe, die zumeist aus den Nachbarstaaten stammen. Sie schafften es, das 1970 alle drei Wildparks nahezu „leer" waren. Inzwischen hat sich der Tierbestand durch gezielte Schutzmaßnahmen und hohe Strafen für Wilderei langsam wieder erholt.

→*Bondla Wildlife Sanctuary*
→*Chorao Wild Sanctuary*
→*Cotigao Wildlife Sanctuary*
→*Dona Paula*
→*Molem National Park*

Öffentliche Verkehrsmittel: →*Reisen im Land*

Palolem

In der südlichen Provinz Canacona liegt, nur über eine Schotterstraße erreichbar, die perfekteste Strandszenerie Goas: Eingerahmt von massiven Felsblöcken, ist die idyllische Bucht Palolem mit feinstem Sand und kristallklarem Wasser noch kaum berührt vom Tourismus. Auf der vorgelagerten **Canacona-Insel** streiten sich die gefiederten Freunde mit ihren menschlichen Rivalen um die besten (Brut-)Plätze.

→*Canacona*

Panjim / Panaji

Panjim, in Hindi „Panaji" und unter den Kolonialherren „Nova Goa" genannt, ist seit 1843 Hauptstadt des kleinsten indischen Unionsstaates. Malerisch zwischen dem Höhenrücken des Althinho und dem Mandovi-Fluß gelegen, ist Panjim mit rund 80 000 Einwohnern zugleich die größte Stadt des Landes.

Panjim bietet kein hochrangiges Pflichtprogramm an Sehenswürdigkeiten, dafür aber Stadtviertel, die noch vollständig aus den frühen Tagen der Kolonie erhalten sind, faszinierende Alltagsstudien und das Gefühl, als sei die Zeit ein wenig stehengeblieben. Sich zu verlaufen, ist fast unmöglich: Panjim wurde — wie Mannheim — im altbewährten Schachbrettmuster eines römischen „castrum" angelegt.

Panjim / **Geschichte**

Fast 900 Jahre zurück liegt die erste schriftliche Erwähnung von Panjim. Eine Inschrift von 1107, als die Kadambas Goa regierten, erwähnt eine kleine Ortschaft namens „Pahajuni Kali". „Kali" bedeutet Bucht oder Kanal. Als die Portugiesen kamen, lag an der Stelle des heutigen Panjim nur das Fischerdorf Taleigao im Schutze des Forts von Adil Khan. Eine Garnison von 300 Mann überwachte von diesem strategischen Punkt aus, acht Kilometer von der mohammedanischen Hauptstadt entfernt, wo später Alt Goa entstand, Zoll und Schiffahrt auf dem Mandovi. Am 15. Dezember 1510 brach dort der Widerstand gegen die portugiesischen Eindringlinge: Antonio de Noronha eroberte das Fort — und war somit der erste Portugiese, der den Mandovi weiter flußaufwärts segeln konnte. In den folgenden Jahren bauten die Portugiesen Panjim als Militärstation weiter aus, neue Verteidigungsringe wurden angelegt. Im ehemaligen Sommerpalast von Adil Shah verbrachten ankommende Gouverneure und Vizekönige ihre ersten Nächte in Goa. Besonders im 17. Jahrhundert wuchs Panjim rasch: „fidalgos", zu Landbesitzern aufgestiegene ehemalige Soldaten, bauten hier ihre Häuser. 1759, nachdem eine schreckliche Epidemie Alt Goa verwüstet hatte, wurde Panjim zunächst zur neuen Residenz

---

Das bunte Treiben auf dem Markt in Margao ist unbedingt einen Besuch wert ▶

des Vizekönigs, 1843 als „Nova Goa" schließlich zur neuen Hauptstadt des portugiesischen Kolonialreiches in Indien, zu dem inzwischen auch die nördlichen Kleinstaaten Daman und Diu gehörten. Die nötige Infrastruktur hatte Panjim bereits von 1827 bis 1835 erhalten. Vizekönig Dom Manuel de Portugal e Castro ließ alte Elendsviertel abreißen und breite, repräsentative Straßenzüge im Schachbrettmuster anlegen. Ein zweiter Bauboom erfaßte die Stadt nach der Unabhängigkeit 1961. Neubausiedlungen schufen Wohnraum für die explosiv wachsene Bevölkerung, intensiv wurden Schul- und Gesundheitswesen ausgebaut. Als Hauptstadt ist Panjim inzwischen von sechs Kasernen und einem Militärflughafen umgeben.

Panjim / **Sehenswürdigkeiten**

Das **Hotel Mandovi,** früher das erste Haus am Platze, mag als Ausgangspunkt für einen Stadtbummel dienen. Direkt daneben liegt die **Dom Lourenço-Kapelle** aus dem 18. Jahrhundert mit alten Wappentafeln portugiesischer Einwanderer. Die **Uferpromenade,** im Volksmund „Campal" genannt, hat auch schon bessere Tage gesehen. Gesäumt von einer kleinen Baumallee, bietet sie schöne Ausblicke auf den Fluß, auf dem ständig mit Eisen- und Manganerzen beladene Schuten Richtung Seehafen Mormugao tuckern. Zollstation für einlaufende Schiffe war früher das 1612 erbaute **Fort Aguada** am anderen Flußufer. Später dienten die feuchten Burgmauern jahrelang als Gefängnis, bevor die Ruine zum beliebten Treffpunkt für Flitterwöchler wurde, die im indischen Heiratsmonat Dezember zu Tausenden hierher reisen, um vor der untergehenden Sonne ihren Eheschwur zu wiederholen. Die einzige feste Verbindung nach Norden, die Nehru-Brücke, war 1986, kurz nach der feierlichen Eröffnung im Beisein von Premier Rajiv Gandhi eingestürzt.

Vorbei an der **Städtischen Bibliothek** und einer kleinen Gartenanlage gelangt man nach drei Häuserblöcken zum **Markt.** Zu Beginn der Marktzeile sitzen die Frauen auf der Erde und bieten das Obst in großen geflochtenen Körben an. Sie tragen ihre Saris im typischen Stil der Landbevölkerung. Das Stoffende wird zwischen die Beine geführt und hinten in den Bund gesteckt: fast so praktisch wie eine richtige Hose.

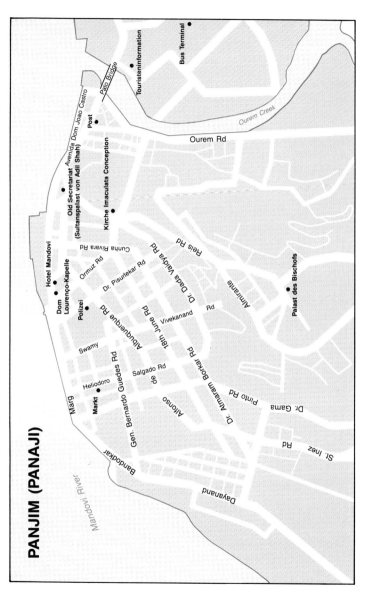

PANJIM (PANAJI)

Bus Terminal

Touristeninformation

Pato Bridge

Ourem Creek

Post

Ourem Rd

Avenida Dom Joao Castro

Old Secretariat
(Sultanspalast von Adil Shah)

Kirche Imaculata Conception

Cunha Rivara Rd

Reis Rd

Hotel Mandovi

Ormuz Rd

Dr. Pisurlekar Rd

Dr. Dada Vaidya Rd

Palast des Bischofs

Dom
Lourenço-Kapelle

Polizei

Albuquerque Rd

18th June Rd

Vivekanand
Rd

Almirante

Swamy

Salgado Rd

Gen. Bernardo Guedes Rd

de

Dr. Atmaram Borkar Rd

Pinto Rd

Dr. Gama

Heliodoro

Markt

Afonso

Marg

Bandodkar

Dayanand

St. Inez
Rd

Mandovi River

Je nach Jahreszeit finden sich unter dem bekannten Obst und Gemüse
kleine Auberginen, Bohnen, Mangos, Papayas, Wassermelonen, kurze,
sehr saftige Bananen, Rettich, Knoblauch und Ingwer. Weniger vertraut
sind die kürbisähnlichen Yak- und Brotfrüchte, die bis zu zwölf Kilogramm
schwer werden. Daneben: „drumsticks", etwa 30 Zentimeter lange, fin-
gerdicke Baumfrüchte, die wie Gemüse zubereitet werden und ähnlich
wie Spargel schmecken. Dazwischen stapeln sich Berge von dunkelro-
ten Chilis, trocken oder gemahlen, ferner Hülsenfrüchte, für die es keinen deutschen Namen gibt, und „ladyfingers", Okraschoten, ein grünes,
leicht säuerlich schmeckendes Gemüse.

An die Obst- und Gemüsezeilen schließen sich die anderen Stände an,
säuberlich nach Warengruppen getrennt. Stoffe, Plastikartikel, Bäckerei-
waren, Gewürze und vieles mehr, bis schließlich die Sargmacher das Ende
der Marktzeilen anzeigen.

Fast wie ein See wirkt der Mandovi-River bei Panjim

Wenn Sie am Markt ausreichend geschnuppert und fotografiert haben, schlendern Sie auf der Alfonso de Albuquerque Road, der Hauptverkehrsachse durch Panjim, Richtung Hafen hinauf. Das Gebäude gleich rechts ist der **Verwaltungssitz von Goa, Daman und Diu.** Ein Blick in die Büroräume durch die geöffneten Fenster ist immer interessant: Berge von Akten stapeln sich allerorts. Oft sitzen fünf Leute um einen Schreibtisch, einige lesen Zeitung, rauchen oder diskutieren lautstark. Oben an der Decke drehen sich unermüdlich die Ventilatoren; jeder Papierstoß wird beschwert mit dem, was gerade zur Hand ist.

Bald darauf stößt man auf eine tropisch grüne Plaza, die **Azad Maidan.** Das **Ehrenmal für den unbekannten Soldaten** wird Tag und Nacht bewacht, doch die fußballspielenden Jungen kümmert das wenig. Am Ende des langgezogenen Kirchplatzes **Largo da Igreja** bietet sich ein imposanter Anblick auf die hoch über einer gewaltigen Treppenflucht thronende **Kirche Imaculata Conception** (Kirche der Unbefleckten Empfäng-

Blendendweiß ragt die Pfarrkirche in Panjim in den Himmel

nis), 1600 zur Pfarrkirche des Ortes erhoben. Die Kirche, 1540 erbaut, zählt mit zu den ältesten Sakralbauten des Landes. Alljährlich am 8. Dezember wird der Namenstag ihrer Patronin, der Heiligen Maria, mit Umzügen, Festmessen und einem überschäumenden Volksfest groß gefeiert — für die Panjimer neben dem Karneval im Februar *das* Ereignis im Jahresverlauf. Unserer Frau von Fatima ist ein kirchliches Volksfest am 13. Mai gewidmet. Der alte Pfarrfriedhof hinter der Kirche mußte 1878 der „Corte de Oiteiro"-Straße weichen. Obwohl Panjim zu Beginn des 19. Jahrhunderts schon einige private Villen und Gouverneurspaläste besaß, war das Gebiet vor der Kirche vom städtischen Einfluß noch völlig unberührt. Kleine Fischteiche, Reisfelder und ärmliche Hütten erstreckten sich nach Norden bis zu einem schmutzigen Strand.

Zurück zum **Hafen.** Die Fähre, die früher von hier aus in 24 Stunden nach Bombay fuhr, ist inzwischen eingestellt worden. Der Schönwetterhafen ist während der Monsunperiode von Mai bis September geschlossen. Gleich daneben beginnt der **Fischereihafen.** Wer Frühaufsteher ist, kann dort erleben, wie die großen Mengen Fisch gleich nach der Anladung unter großem Geschrei und Gezeter versteigert werden.

Das auffallend weiße Gebäude mit den überkragenden Dächern und den schmiedeeisernen Balkonen vor den Fenstern ist der alte **Sultanspalast von Adil Shah,** auch **Old Secretariat** genannt, die ehemalige Residenz der Vizekönige und Generalgouverneure von Goa. Von hier aus regierten sie ab 1759 die Kolonie. Heute dient das beeindruckende Gebäude dem Lieutenant General als Unterkunft für Staatsgäste. Erbaut wurde das Gebäude 1594 zu völlig anderen Zwecken: Die Franziskanermönche nutzten es als Kloster.

Weiter geradeaus trifft man flußaufwärts auf das „GPO", das **Hauptpostamt.** Dahinter beginnt **Alt Panjim** mit den Stadtvierteln **San Tomé,** früher „Largo da Estanco" genannt, und **Fontainhas,** die noch stark an die frühe Zeit der Kolonie erinnern: schmale Gassen durchziehen die beiden Quartiere, man findet Rundbögen und Gitterbalkone, von innen zu schließende Holzläden, bunte Azuelejos-Kacheln, blühende Topfpflanzen und streunende Katzen — Impressionen wie aus der portugiesischen Heimat. Früher siedelten hier überwiegend die „fidalgos", zu Landbesitzern aufgestiegene Soldaten. Die Namensschilder zeugen noch davon: Menezes, Cavalho, Almeido, Rodrigues steht dort geschrieben. Aus den kleinen Eckkneipen und Liquorshops, Lizenzgeschäften zum Verkauf von Alkoholika, dringt schwermütige Musik. Die Bewohner greifen gerne zur Guitarre. In sich versunken spielen sie die schon fast vergessenen Melodien, singen mit rauher Stimme ihre Fados, entziehen sich dem Jetzt musikalisch.

Den Abschluß der Besichtigungstour könnte ein Spaziergang auf dem *Althinho,* dem bevorzugten Wohngebiet neureicher Panjimer, bilden. Auf dem höchsten Punkt steht der **Palast des Bischofs (Patriarchal Palace),** gesäumt von den Villen der Lokalprominenz. Am lohnenswertesten ist jedoch die Aussicht, ein eindrucksvolles Panorama über die Stadt und ihren Fluß.

Panjim / **Praktische Informationen**

Apotheke: Cosme Matias Menezes, 31 Janetro Road, Tel. 29 65; Menezes & Cia., nahe Hauptpostamt, Tel. 29 17; Farmacia Salcete, gegenüber Gesundheitsamt, Tel. 25 42; Camilo Menezes, nahe Hauptpostamt, Tel. 28 26; Farmacia Oliveira, nahe Hauptpostamt, Tel. 33 50; Hindu Pharmacy, gegenüber Municipal Gardens, Tel. 25 76.

Arzt: Dr. Irene A. Barreto-Menezes (spricht deutsch), Rua de Quercem, Tel. 58 40.

Automobilclub: W.I.A.A., Tourist Hotel.

Autoverleih: GTDC, Tourist Home, Tel. 33 96 oder 39 03.

Autowerkstätten: Angle's Auto Centre, Dr. Shigaonkar Road, Tel. 43 81; B.N. Thakur Garage (Fiat), Tel. 32 52/32 51; Mandovi-Motors (Volkswagen), Tonca, Tel. 31 07; Garage Matmo, Dada Vaidya Road, Tel. 31 13.

Bahntickets: von 9.30-13/14.30-17 Uhr werden unter Tel. 56 20 Reservationen entgegengenommen.

Buchhandlung: Hotel Mandovi, Hotel Fidalgo.

Busgesellschaften: Karnataka State Road Transport Corporation (KSRTC), Bus Terminus, Tel. 51 26; Maharashtra SRTC, Bus Complex, Tel. 43 63, Maharashtra Tourism Development Corporation (MTDC), Tourist Hostel, Tel. 35 72; Kadamba Transport Corporation, Bus Terminus, Tel. 33 34; West Coast Travels, Old Bus Stand, Tel. 57 23.

Essen und Trinken: Restaurant im Hotel Mandovi: 1. Stock, internationale und regionale Küche von exzellent bis scheußlich, langsame Bedienung, aber Balkon mit Blick auf den Mandovi-River.

Chit-Chat-Restaurant: im Tourist Hotel, 1. Stock, schöne Veranda, samstags geschlossen, Tel. 23 03.

Restaurant im Hotel Venite: hinter dem Postamt, urgemütliches altes Haus mit Holzfußboden und original portugiesischen Gerichten.

New Punjab Restaurant: nahe des Stadtparks, gute Tandoori-Gerichte, etwas teurer.

El Gazella: Campal, Tel. 20 19.

Shalimar Restaurant: gegenüber der Government Printing Press, Tel. 23 36.

Taj Mahal: vegetarisches Restaurant, gegenüber der Government Printing Press, Alfonso de Albuquerque Road, Tel. 24 46.

La Alegro Restaurant: Santa Inez, Shanta Building.

Olympic Restaurant: gegenüber des Zollgebäudes.

Sher-e-Punjab Restaurant & Chinese Restaurant: nahe des Health Office, Tel. 20 65.

Riverside: gegenüber des Hotels Mandovi mit Speiseterrasse direkt am Mandovi, sehr gute Pomfret-Gerichte.

Shanbhag: vegetarisches Restaurant, gegenüber des Stadtparks.

Goenchin: Dr. Dada Vaidya Road, chinesische Küche, gut und teuer.

Bäckereien: im Hotel Mandovi (neben der Buchhandlung); A Pasteria, neben Goenchin, Dr. Dada Vaidya Road.

Foreign Registration Office: Police Headquarters (für Langzeitaufenthalte).

Krankenhaus: Tel. 45 66 (Krankenwagen: Tel. 30 26).

Polizei: Dr. Pisurlenkar Road/Ecke Alfonso de Albuquerque Road, Tel. 1 00.

Post und Telefon: General Post Office (GPO), Tel. 37 04, Schalter für postlagernde Sendungen (poste restante).

Telegraph Office, Dr. Atmaram Borcar Road, Tel. 37 42, Vermittlung von Ferngesprächen rund um die Uhr.

Reisebüro: Georgeson, gegenüber vom Hauptpostamt, Tel. 21 50, unterhält eine Filiale in Calangute; Tradewings, 6 Mascarenhas Building,

Alfonso Albuquerque Road, Tel. 42 35, 51 78, 49 30; Mandovi Tours & Travels, nahe Hauptpostamt, Tel. 59 62.

Rechtsanwalt: Vasco da Silva Ferreira.

Sport: Panjim Gymkhana (Fitneßcenter), Campal, Tel. 58 18; Tennis: Clubanlage am Gaspar-Diaz-Beach, Tel. 38 62.

Steuerbüro (Taxation Office): Shanta Building, 18th June Road. Wichtig für Ausreise bei Aufenthalten über 90 Tage.

Touristen-Information: Department of Tourism, Rua Alfonso de Albuquerque, Tel. 26 73. Auch die Nachbarstaaten unterhalten in Panjim staatliche Fremdenverkehrsbüros: Maharashtra Tourist Information Bureau, Tourist Hostel, Tel. 35 72; Karnataka Tourist Information Centre, Boca de Vaca, Tel. 20 46; Andhra Pradesh Tourist Information Centre, Rua de Querem.

Nicht Staatskarossen, sondern Motorroller parken vor dem Gouverneurspalast in Panjim

Unterkunft: *I. Westlicher Stil*

Hotel Mandovi, Bandodkar Marg, Tel. 22 85 (fünf Leitungen), Telex. 0194-226.

Hotel Vistar, Rua Alfonso de Albuquerque, Tel. 35 82, oder 21 94.

Hotel Soan, Rua de Querem, Tel. 33 04.

Hotel Aroma, Gunha Rivara Road (gegenüber vom Stadtpark), Tel. 35 19.

Flaming Hotel, Rua de Querem, Tel. 27 65.

Tourist Hotel, Tel. 23 03.

Giumaka Guest House, Wolfango de Silva Road (beim Cine Samrat-Ashok).

Hotel Samrat, Dada Vaidya Road, Tel. 33 39.

II. Indischer Stil

„Indian Style" bedeutet in Goa einfacher, billiger, schmuddeliger, häufig aber auch zentraler. Die meisten Billigunterkünfte befinden sich in den alten Stadtvierteln rings um das Hauptpostamt.

Central Lodge P.O., Tel. 29 92.

Church Side Lodge (neben der Pfarrkirche zur Unbefleckten Empfängnis).

Corina Lodge, neben dem Hauptpostamt.

Danuz Hotel, Luis de Menezes Road.

Glemar Lodge, neben dem Naturpark.

Goa Lodge, Alfonso de Albuquerque Road, Tel. 25 52.

Hotel Imperial, neben dem alten Busbahnhof.

Hotel Central, Campel.

Riviera, Rua de Ormuz, Tel. 24 18.

Hotel Madhavashram, nahe des Hotels Mandovi, Tel. 28 23.

Hotel Sangam, Mala, Tel. 23 07.

Hotel Venite, 31st January Road. Indian Niwas, nahe des Cine Eldorado, Tel. 27 59.

Kismet Lodge, nahe des Städtischen Marktes.

Lavista Lodge, nahe der Pato Brücke, Rua de Querem, Tel. 27 65.

Liberty Guest House, nahe der Don Bosco High School, Tel. 32 19.

Palace Hotel, hinter dem Secretary-Gebäude, Tel. 28 10.

Safari Hotel, gegenüber des Stadtparks.

Samman Lodge, 18th June Road, Tel. 35 17.

Shree Rameshwar Hindu Lodging, nahe des Mahalaxmi Tempels, Tel. 27 76.

Sunder Lodge, Canetano de Albuquerques Road, Tel. 33 26.

Temperine Guest House, Rua Alfonso de Albuquerque.

Kohinoor Lodge, nahe des Cine Samrat-Ashok.

La Vista Lodge, nahe des General Post Office.

Hotel Republica Lodging, gegenüber des Secretary-Gebäudes, Tel. 26 30.

Die **Jugendherberge** erreicht man über die Uferstraße Dayanand Bandodkar Marg. Sie liegt in einer Seitenstraße kurz hinter dem städtischen Sportkomplex, nur wenige Minuten entfernt von Miramar Beach. Tel. 54 33.

Verkehrsverbindungen: Gen Süden starten die Busse vom ZOB aus. Die Fahrt nach Vasco und Mormugao dauert gut eine Stunde. Nach Margao führen zwei Strecken: Die kürzere Route über Agassim und Cortalim dauert anderthalb Stunden; die längere über Ponda fast zweieinhalb Stunden. Nach Alt-Goa verkehren regelmäßig City-Busse. Busse gen Norden starten in Betim am Nordufer des Mandovi. Ununterbrochen bringen alte Fähren die Menschenmassen dorthin. Bis spät in die Nacht wird Calangute angefahren. Die etwas längere Strecke über Saligao lohnt sich aufgrund des einzigartigen Ausblicks auf die leicht gewellte Hügellandschaft des Nordens. Über die Fernstraße N 17 wird Mapusa in einer halben Stunde erreicht; die monotone Strecke bietet keine Abwechslung.

Panjim / **Umgebung**

Dayanand Bandodkar Marg-Viertel: Wo sich früher in den Niederungen von Campal ausgedehntes Marschland mit Reisfeldern und Palmenhainen erstreckte, liegt heute Panjims Repräsentationsviertel. Es wurde nach Goas erstem Chief Minister nach der Unabhängigkeit benannt. Neben modernen Wohnanlagen für den Panjimer Mittelstand befindet sich hier das „Menezes-Bragança-Institute", die goanische Akademie der Schönen Künste.

Ourem Creeks: Zahlreiche kleine Salzseen bestimmen das Landschaftsbild der kleinen Bucht im Osten Panjims.

Reis Magos Kirche: Diese Kirche befindet sich auf dem nördlichen Flußufer sieben Kilometer von Panjim in Richtung Aguada. 1555 als erste Kirche in der Provinz Bardez (und auch als eine der ersten in Goa) erbaut, ist der imposante Kirchenbau den drei Weisen aus dem Morgenland Kaspar, Melchior und Balthasar gewidmet. In der Kirche, einst Missionszentrum des Franziskanerordens, wurden früher die künftigen Vizekönige am Tage nach ihrer Ankunft aus Portugal bei einer feierlichen Messe auf ihr neues Amt eingesegnet.

Interessant ist der mit Inschriften übersäte Boden. Die eingelassenen Grabplatten verraten, daß sieben portugiesische Vizekönige und Gouverneure hier bestattet wurden. Ein unterirdischer Tunnel, dessen Eingang geschickt hinter der Treppe versteckt war, verband die Kirche mit dem nahegelegenen Fort.

Alljährlich am 6. Januar richten jungvermählte Paare das „Reis Magos Fest" aus. Es bildet den Höhepunkt der „Feira dos Reis" (5.-7. Januar), einem großen Volksfest, das früher im Beisein des Vizekönigs und Erzbischofs innerhalb der schützenden Mauern des Forts gefeiert wurde.

Reis Magos Fort: Das Fort wurde unter der Herrschaft des Vizekönigs Dom Alfonso de Noronha 1551 auf den zerstörten Fundamenten eines kleinen Forts von Adil Shah errichtet. Dom Francisco da Gama ließ es erweitern, ehe 1704 Vizekönig Caetano da Melo e Castro das alte Fort durch einen „modernen" Neubau ersetzte. Unterhalb der Festung führen sieben Kasematten fast vierzig Meter weit in den Lateritfelsen hinein. Doch das Fort diente nicht nur zu kriegerischen Zwecken. Im letzten Jahrhundert, so berichtet die „Gazetteer of Goa", habe der Raja von Sawantwadi, Madhav Rao, hier bei einem Staatsbesuch mit 1500 Mann, 1000 Pferden und vier Elefanten genächtigt.

Colegio Real: Das zweigeschossige Kollegium, das wie die Kirche 1555 gegründet wurde, diente von 1597 bis 1793 zahlreichen Vizekönigen als Verwaltungssitz.

Paroda

Paroda ist ein 2000 Einwohner-Dorf elf Kilometer südöstlich von Margao. Sehenswert ist der **Shri Chandranath-Tempel.** Auf dem 350 Meter hohen Gipfel des Chandranath gelegen, bietet dieser Tempel aus schwarzem Basalt eine hervorragende Aussicht. Shiva wird hier als „Chandranatha", als „Herr des Mondes", verehrt. Seine Shivalingam verfügt über übernatürliche Eigenschaften: Fällt das Mondlicht auf den Stein, perlt Wasser aus der Linga heraus. Wer es nicht glaubt: bei Vollmond hinaufsteigen — nur dann treffen die Mondstrahlen den Stein.

Partagal

Partagal ist ein kleiner Ort in der Südprovinz Canacona am nördlichen Ufer des Talpona. Hier befindet sich das Glaubenszentrum der „madhavas" oder „vaishnavas", das heißt derjenigen Brahmanen, die dem Vishnu-Kult anhängen.

Pensionen: → *Unterkunft*

Pernem

28 Kilometer nördlich von Panjim und 14 Kilometer nördlich von Mapusa leben in der Hauptstadt der nördlichsten Provinz Goas, in Pernem, rund 6000 Einwohner.

Sehenswert ist hier der **Shri Bhagvati-Tempel.** Der Tempel, direkt an der Hauptverkehrsstraße N 17 gelegen, soll über 500 Jahre alt sein. Zwei lebensgroße Elefanten aus schwarzem Stein bewachen den Tempeleingang. Das fast zwei Meter hohe Bildnis der Göttin Bhagwati-Astabhuja thront auf einem hohen Podest. Zum Dussehra-Fest, das zehn Tage lang im Oktober gefeiert wird, pilgern alljährlich mehr als 25 000 Gläubige hierher.

Pflanzen

Nur noch wenig ist in dem dicht besiedelten Kulturland Goa von der ursprünglichen Vegetation erhalten. An den Westghats stehen die Reste der ehemals großen Monsunwälder unter Naturschutz. 1988 marschierten indische Naturschützer 1250 Meilen, um gegen die weitere Abholzung der Westghats zu demonstrieren. Der Raubbau, der in der Kolonialzeit begann, hat mancherorts die Berglandschaft bereits in eine Wüste verwandelt. Obwohl in Goa die Ausmaße der Schäden noch relativ gering sind, nahm hier die Umweltbewegung ihren Anfang: Kumar Kalaland Mani organisierte den 100tägigen Mahnmarsch unter dem Motto „Save the Westghats", an dem 160 Umweltgruppen mit über 2000 Teilnehmern aus fünf Staaten mitmarschierten. Gerettet werden soll der Teakholzbaum, von den Portugiesen reihenweise zum Bau ihrer Karavellen, später als Brennmaterial für die Eisenbahn abgeholzt. Weite Flächen fielen dem Abbau von Eisenerzen, Bauxit-Silikaten, Magnesium und Mangan zum Opfer. Intensiver Baumwollanbau ersetzte zunehmend die Baumriesen mit ihren großen Blättern und den aufrechtstehenden, traubenähnlichen Fruchtständen. Schließlich wird der Baumbestand noch auf natürliche Weise dezimiert: Stamm und Blätter werden häufig von Termiten befallen. Zu Hunderten säumen rotbraune Teakholz-Hügel die Straße. In den Westghats findet man in den feuchteren Regionen noch beeindruckende Bambusdickichte im Unterholz. Die gewaltig verholzten „Halme" schießen unter günstigen Umständen bis zu der Höhe eines fünfstöckigen Hauses auf. Das abgeholzte Rohr dient zum Gerüst- und Hüttenbau. Aus den Grasbüscheln am oberen Ende werden Körbe gefertigt. Doch auch diese urzeitlichen Bambusdickichte mußten im Laufe der Jahre weitgehend der kolonialen Landnahme und der Besiedlung aufgrund der intensiven Landwirtschaft weichen — Reis, Mango, Papaya und Cashew sind noch heute die Hauptanbaugüter. Die gut bewässerten Reisfelder, auf denen bis zu dreimal jährlich der 100-Tage-Reis geerntet wird, durch den die Grundversorgung der Bevölkerung endlich gesichert werden konnte, werden häufig begrenzt durch kleine Palmenhaine, zwischen die häufig noch Bananen- und Ananasstauden gesetzt werden.

Die Betelnußpalme (Areca catechu) fällt durch ihren außerordentlich dünnen, gebrechlichen Stamm auf. Im November/Dezember klettern die Jungen in Windeseile die glatten Stämme hinauf und pflücken die Büschel mit den orangen Nüssen, sich dabei von Palme zu Palme schwingend. Die geernteten Nüsse werden getrocknet, aus der bastigen, sehr zähen Schale herausgelöst und grob zerhackt. Auf den Straßen sitzen überall Händler, die Berge hellgrüner Tabak- oder Piperbetle-Blätter vor sich aufgestapelt haben. In diese Blätter werden ein Stückchen Gambirharz, Salz oder Zucker und einige Stückchen Betelnuß eingerollt und mit einem dünnen Faden umwickelt. Fertig ist das „Kaugummi". Es ist von anregender Wirkung, stoppt zudem das Hungergefühl und desinfiziert — hinterher wird alles im hohen Bogen auf die Straße gespuckt. Ein untrügliches Indiz für Betelnuß-Genuß sind tiefrote Zähne und ebenso eingefärbtes Zahnfleisch. Bei Dauergebrauch ätzt die Säure so stark, daß sich das Zahnfleisch immer weiter zurückzieht und die Zähne schließlich ausfallen.

Im Landesinnern, wo Lateritgestein und karge Böden das Landschaftsbild prägen, rekultivierten die Goaner die erodierten Hänge mit anspruchslosen Cashewplantagen. Der etwas gedrungene Baum ist leicht erkennbar an seinen eiförmigen, grüngelben Blättern und den weißen Blütenständen, aus denen sich im Februar der leuchtend rote, saftige Cashew-Apfel bildet. Darunter erst hängt die eigentliche Frucht mit ihren Kernen, den Cashew„nüssen", einem Hauptexportgut Goas. Da die Schale einen scharfen Saft enthält, müssen die Kerne vor dem Verzehr getrocknet oder geröstet werden. Es lohnt sich, einige Beutel der beliebten Kerne nach Hause mitzunehmen. Sie kosten hier nur ein Zehntel des in Europa üblichen Preises und sind in den unterschiedlichsten Geschmacksrichtungen erhältlich: roh, gesalzen, geröstet, in Masala-Gewürzen gewendet (scharf)...

Mango ist mindestens ebenso oft verbreitet. Die meist sehr alten Bäume tragen dunkelgrüne, ledrige Blätter in Lanzettenform, die Blüte ist weiß. Von der aus Ostindien stammenden Kulturpflanze sind in Goa mehr als 500 Arten verbreitet, alle reifen kurz vor der Regenzeit Ende März/Anfang April. Papaya, auch Melonenbaum genannt, wird gerne auch privat in den Vorgärten der alten Kolonialvillen angebaut. Die grünen Früchte mit dem orangen Fruchtfleisch werden das ganze Jahr über geerntet. Auch die größte Frucht der Welt, die Yak-Frucht, ist in Goa heimisch. Die kürbisähnliche Brotfruchtart wird bis zu zwölf Kilo schwer. Delikat als Gemüse zubereitet, wird sie häufig als „indische Kartoffel" verkannt.

Eine in Goa weit verbreitete Kuriosität sind die Affenschwanzbäume (engl.: banyan-tree) mit ihren weit ausladenden Ästen, von denen Luftwurzeln wie Vorhänge herabhängen. Erreichen sie den Boden, wächst aus ihnen ein neuer Stamm. Aus vielen solchen Ablegern entsteht ein verwirrendes Gewirr ineinander verschlungener Äste und Stämme, je älter, desto undurchdringlicher sind sie. Meist jedoch werden die Bäume frühzeitig von den Einheimischen beschnitten, die die Luftwurzeln zum Feuern nutzen.

Pilar

Pilar ist elf Kilometer südlich von Panjim gelegen. Die alte Hauptstadt der Kadamba-Königin lag auf der fruchtbaren Tissuari-Schwemmhalbinsel, auf der überwiegend Gemüse angebaut wird. Wo im 7./8. Jahrhundert die Kadamba-Residenz Glanz und Pracht entfaltete, steht heute eine kleine Hinweistafel inmitten von Palmen: Hier lag für die portugiesischen Eroberer das „Goa Velha", das alte Goa.

Kloster Pilar: Zwei Kilometer nördlich gelegen, ist das Kloster über eine schmale Landstraße, die gleich hinter dem Palmenhain abzweigt, erreichbar. Am 17. Juli 1613 gründeten Franziskanermönche diese Anlage. 1633 kommt eine „Universität der Wissenschaften, der Schönen Künste und der Theologie" hinzu. Als am 28. Mai 1834 der Orden verboten wird, geht das Kloster in den Besitz des Staates über. Seitdem verfällt es langsam. Besichtigt werden kann der Hof. Dort steht noch ein alter, mit feinem Figurenschmuck versehener Pfeiler. Die Kirche mit einigen vergoldeten Holzaltären birgt eine bemerkenswerte Kanzel. Das Grab von Frater Agnelo ist ein beliebtes Pilgerziel goanischer Katholiken.

Die Lage des Klosters ist ideal: Der Blick reicht weit über den Zuari-Fluß bis hin zum Erzhafen Mormugao.

Politik →*Staats- und Regierungsform*

Ponda

Ponda, das Tor zu den Westghats, liegt rund 30 Kilometer von Panjim entfernt an der A4. Die kleine Industriestadt ist noch heute Zentrum des goanischen Bergbaus. Ringsherum in den Hängen wird nach Mangan, Magnesium, Eisenerz und Bauxit-Silikaten geschürft.

Ponda / **Geschichte**

Bis 1763 war die Stadt eine hinduistische Enklave der Marathenfürsten. Erst 250 Jahre nach der Eroberung Goas wurde sie in die portugiesische

Waschende Inderinnen am Heiligen Teich vor dem Shri Mangueshi Tempel ▶

Kolonie eingemeindet. Doch noch heute ist Ponda religiöses Zentrum des
goanischen Hinduismus. Die religiöse Toleranz der Hindus bewog auch
die Moslems, sich hier niederzulassen.

Ponda / **Sehenswürdigkeiten**

Safa Shahouri Masjid Moschee: Die einzige noch erhaltene der ehemals 27 Moscheen rings um Ponda wurde 1560 von Ibrahim Adil Shah
aus Bijapur erbaut. Vor der mehrfachen Zerstörung durch die Portugiesen umgaben ausgedehnte Gärten mit Wasserspielen und Springbrun-
nen die Moschee. Die beiden höchsten islamischen Feiertage, Id Ul-Fitr
und Id Ud-Duha, werden hier alljährlich mit großem Pomp begangen.

Post

In Indien herrscht eine hohe Inflation, die auch die Portopreise hochtreibt.
1990 betrugen sie für Postkarten 4 Rs, für Briefe (20 g) 6.50 Rs. Mit der
Aufschrift „Air Mail" wird die Beförderung mit Luftpost sichergestellt. Wichtige Post sollte man am besten direkt am Postamt abstempeln lassen —
an Rezeptionen ist schon mancher Brief hängengeblieben. Die Laufzeit
nach Deutschland beträgt acht bis zehn Tage. Postlagernde Briefe werden im General Post Office (GPO) im Zentrum von Panjim hinterlegt.

Poverim

Die kleine Ortschaft Poverim an der Nationalstraße von Panjim nach Mapusa ist bei Urlaubern in Nord-Goa berühmt: Hier bietet das Restaurant
„O Coqueiro" den „Heimweh-Service", die schnellste Telefonverbindung
von Goa nach Hause.
Im Xavier Centre for Historical Research, Tel. 46 97, widmen sich weltli-
che und geistliche Wissenschaftler der Erforschung goanischer Kirchen-
und Sozialgeschichte.

Poverim / **Essen und Trinken**

O Coqueiro: Geräumige, portugiesisch anmutende Gaststätte mit Terrasse
und großem Garten. Die umfangreiche Speisekarte bietet vorzügliche

Fischgerichte, Curries und Tandooris — feurig, fruchtig, formidable. Da gelegentlich Live-Konzerte stattfinden, ist eine Voranmeldung ratsam. Tel. 25 71. Anrüchige Berühmtheit wurde dem Restaurant 1986 zuteil: Der international gesuchte Massenmörder Charles Sobhraj wurde nach seiner waghalsigen Flucht aus dem Gefängnis in Neu Delhi hier festgenommen.

Presse

Wer nicht die Freiexemplare deutscher Zeitungen und Zeitschriften auf dem Hinflug in den Chartermaschinen ergattert hat, ist schlecht bedient mit Informationen aus der Heimat — deutsche Presseerzeugnisse gibt es in Goa (noch) nicht. Große nationale Blätter Indiens auf Englisch, die auch ein wenig Außenpolitik und europäische Themen führen, sind „The Times of India", „Hindustan Times", „Indian Express" und „The Statesman". Interessant für goanische Themen ist die Lokalzeitung „The Navhind Times", zugleich ein aufschlußreicher Spiegel der Gesellschaft und von Remo, dem goanischen Popmusikstar, in seinem gleichnamigen Song ironisch-liebevoll besungen.

Presse / **Geschichte**

In Goa wurde 1821 die erste Zeitung Gesamtindiens, die „Gazzeta de Goa", gedruckt. Im ehemaligen Sultanspalast von Adil Shah hatte die Government Printing Press ihre schweren Bleisatz-Maschinen aufgestellt. 1837 erschien dort zweimal wöchentlich das erste offizielle Amtsblatt von Goa, das „Boletim do Governo do Estado da India", bis es 1961 in die „Official Gazette of the Government of Goa" integriert wurde. Als erste portugiesische Tageszeitung erschien am 22. Januar 1900 „O Heraldo". Das von Professor Messias Gomes gegründete Blatt mußte am 10. Oktober 1983 sein Erscheinen einstellen. Als erste portugiesische Boulevardzeitung erschien am 1. Dezember 1919 „Diario da Noite". Ihr Gründer, Luis de Menezes, ließ bereits die erste Ausgabe vollautomatisch in Farbe drucken. Erst dreißig Jahre später erreichte diese moderne Technik das Mutterland Portugal. Die erste englischsprachige Wochenzeitschrift, „The Times of Goa" wurde bereits 1885 gegründet. 1963 erschien die erste englische Tageszeitung von Goa, die „Navhind Times".

Priol

22 Kilometer von Panjim, an der Nationalstraße nach Ponda gelegen, dient der kleine Ort als Ausgangspunkt zur Besichtigung des bedeutendsten Hindutempels Goas.

Priol / **Sehenswürdigkeiten**

Shri Mangueshi-Tempel: Als schönster Tempel Goas gilt der über 400 Jahre alte Shri Mangueshi-Tempel. Wie die meisten anderen Tempel war auch er nach der portugiesischen Eroberung von der Küste hierher verlegt worden. Die Hindus verehren in diesem Tempel Shiva als „Manguesha", Herr der Berge. Eine alte Legende erklärt diesen Namen: Shiva und Parvati, seine Gattin, vertrieben sich häufig die Zeit beim Würfelspiel. Als Parvati eines Tages wiederum verliert, verläßt sie erzürnt Shiva. Ihre Wanderung führt sie nach Goa, wo sie auf einen riesigen Tiger trifft. In ihrer Angst ruft sie laut um Hilfe: „Tvahi Manis Girish — Herr der Berge, errette mich!" Sofort eilt Shiva herbei, befreit seine Gattin aus den Klauen des Raubtieres und hinterläßt als Zeichen seiner Macht sein Symbol, die Lingam.

Von dem Parkplatz führt ein kurzer Prozessionsweg vorbei an fliegenden Händlern mit Kokosnüssen und Kitsch zum heiligen Teich, wo noch heute Hindufrauen ihre Wäsche in der recht trüben Brühe ausspülen. Traditionelle Reinigungen und rituelle Wasseropfer finden hier jedoch nicht mehr statt. Auf den Treppenstufen zum Tempeleingang verkaufen Bäuerinnen und Kinder farbenfrohe Blumengirlanden und Lotusblüten, die später zusammen mit Kokosnußvierteln und Geldscheinen in die Opferschale geworfen werden. Durch das Tor betritt man den an drei Seiten von Pilgerquartieren gesäumten Hof. Ein strahlend weißer Dipmal, die für Goa so typische stufenförmige Lampensäule, ist am Sockel mit den Emblemen Shivas, Brahmas und Ganeshas geschmückt. Das Hakenkreuzsymbol ist in Indien ein weit verbreitetes Fruchtbarkeitssymbol. Sein Ursprung geht auf die arische Einwanderung im Industal um 3000 v. Chr. zurück. Vor dem Betreten der zentralen Tempelhalle müssen die Schuhe ausgezogen werden. Für einige Rupien werden sie von Tempelbediensteten gegen die räuberischen Affen verteidigt. Die Schwelle zwischen der Vorhalle, der „mandapa", und dem Innenraum sollte man nicht mit dem linken Fuß zuerst überschreiten. Denn sonst, so warnt der Volksmund, drohen Unglück und Mißerfolg.

Die in der Kennfarbe des Gottes blau gestrichenen Säulen zeigen Shiva als „Nataraj", als tanzenden Gott, der mit seinem Flammenkranz das Schlechte in der Welt zerstört, um Platz zu schaffen für das Gute, Neue, die Schöpferkraft des Lebens. Die Kristalleuchter sind überall im Land zu finden: Sie stammen aus Venedig und waren im 18./19. Jahrhundert sehr beliebt in Goa.

Privatquartiere: → *Unterkunft*

Prohibition

Im Gegensatz zu den anderen Staaten der indischen Union herrscht in Goa keine Prohibition. Die Folge davon ist besonders bei Indern aus den Nachbarstaaten, wo strenges Alkoholverbot herrscht, offensichtlich: Am Wochenende wird Goa zum Mekka für Trinkfreudige, die abends in den Städten, geschafft vom anstrengenden Trinktag, in den Hauseingängen hocken, auf Parkbänken oder Bürgersteigen liegen und ihren Rausch ausschlafen.

Einheimische Alkoholika sind in Goa äußerst preiswert, für ausländische Marken dagegen sind horrende Preise zu zahlen. Falls nicht ausdrücklich „local products" (einheimische Produkte) oder „Indian made foreign liquors" (IMFL) bestellt werden, bringen die Ober grundsätzlich die teure Importware.

Rauschgift

Indien zählt mit zu den drei größten Erzeugerländern von Drogen. Die Drogensucht auch unter den Einheimischen ist hoch. Die Konsequenz: knallharte Drogengesetze — wer mit einem Rauschmittel erwischt wird, wandert ins Gefängnis und wird nach einem Schnellprozeß, dessen Urteil in Deutschland anerkannt wird, als vorbestraft des Landes verwiesen.

Reiseapotheke → *Ärztliche Versorgung*

Reisezeit: →*Klima*

Reisen im Land

Reisen im Land / **Mit dem Flugzeug**

Dabolim Airport, drei Kilometer von der Hafenstadt Vasco und 30 Kilometer von der Hauptstadt Panjim entfernt, wurde erst 1985 für den zivilen Luftverkehr geöffnet. Von hier aus verbindet Indian Airlines von Delhi aus Goa täglich mit Bombay, Cochin und Trivandrum. Viermal wöchentlich fliegt die innerindische Staatslinie hin und zurück non-stop nach Bangalore. Hyderabad und Poona werden viermal in der Woche non-stop von Vayudoot angeflogen.

Dienstags fliegt Air India von Goa aus über Bombay nach Kuwait und Dubai. *Achtung:* Innerindische Flüge sind häufig ausgebucht. Flugtickets sollten daher rechtzeitig reserviert werden. Auch wenn auf dem Flugticket bereits ein „OK" steht, muß vor Abflug erneut bestätigt (reconfirmation) werden, bei Weiterflügen sofort nach der Ankunft. Verspätungen sind an der Tagesordnung, ebenso die langwierigen „security checks", Sicherheitsüberprüfungen, die oft groteske Züge annehmen. Die meisten Fluggesellschaften unterhalten Büros in den größeren Städten, von denen aus Flughafenbusse gegen eine geringe Gebühr zum Flughafen fahren — viel billiger als Taxis. Für die Flughafengebühr in Dabolim bei der Abreise sollte man rund 300 Rupien bereithalten. Die genauen Gebühren schwanken nach Airline, Tageszeit (und Laune des indischen Abfertigungspersonals).

Stadtbüros der Fluglinien

Air India: Hotel Fidalgo, 18th June Road, Panjim, Tel. 40 81 (Staatslinie für den außerindischen Flugverkehr).

Indian Airlines: Dempo House, Dayanand Bandodkar Marg, Panjim, Tel. 38 26; 38 31; 40 67. Ticket-Counter im Dabolim Airport: Tel. 27 88 (Staatslinie für den innerindischen Flugverkehr).

Air France/Bangladesh Biman/British Caledonia Airways/Gulf Air/Philipine Airways: Jesuit House (beim Stadtpark), Panjim, Tel. 39 81.

British Airways/Kenya Airways: Chowgule Brothers, gegenüber Captain of the Ports Office, Panjim, Tel. 52 66.

Indonesian Airways/K.L.M.: Thakker Travel Service, Thakker's House, Vasco da Gama, Tel. 28 61.

Kuwait Airways: National Travel Service, Hotel Fidalgo, Raum 121, 18th June Road, Tel. 33 21-33 29 (acht Leitungen).

Trans World Airlines: Pantours, 8 Junta House, 18th June Road, Panjim, Tel. 47 88.

Vayudoot: United Air Travel, Camila Building (gegenüber des alten ZOB), Panjim, Tel. 49 11, 63 36.

Reisen im Land / **Mit dem Schiff**

Die Schiffsverbindung Panjim — Bombay der M/S-Mogul-Linie, die früher regelmäßig verkehrte, ist leider seit einigen Jahren eingestellt worden.

Reisen im Land / **Mit der Fähre**

Da Brücken in Goa noch eine Seltenheit sind, bieten klapprig aussehende Boote den einzig regelmäßigen und verläßlichen Fährverkehr. Abfahrt ist jeweils bei ausreichender Auslastung der Fähre — und darüber entscheidet einzig der Kapitän. Reine **Personenfähren** verkehren auf den Strecken:

* Dona Paula — Mormugao (nur bei ruhigem Wetter): September bis Mai
* Panjim — Aldona: einmal täglich
* Panjim — Britona, Naroa: zweimal täglich
* Panjim — Verem: bei Bedarf

Mit **Fahrzeugtransport** verkehren:

* Aldona — Corjuem
* Colvale — Macasana
* Alt Goa — Divar
* Panjim — Betim
* Pompurpa — Chorao
* St. Estevam — Tonca
* Siolem — Chopdem
* Keri — Tiracol

* Cortalim — Marcaim
* Narve — Diwar

Reisen im Land / **Mit der Bahn**

Indien verfügt mit rund 60 000 Streckenkilometern und über 7000 Bahnhöfen über das größte Eisenbahnnetz Asiens und das viertgrößte der Welt.
Nur die USA, die UdSSR und Kanada übertreffen es. Zu verdanken ist
die Gründung der „Indian Railways" den Engländern, die den Bau während ihrer Kolonialzeit vorantrieben.

Die Bahn ist Indiens wichtigstes Verkehrsmittel. Täglich werden über zehn
Millionen Passagiere befördert. Noch häufig muten die Züge urtümlich
an: laut fauchende schwarze Dampfloks, offene Eingänge (Türen gibt es
nicht), vergitterte Fenster. Es gibt vier Klassen: Air-conditioned (A/C), 1.,
2. und 3. Klasse. In der A/C- und 1. Klasse können die gepolsterten Sitze
abends als Betten umgebaut werden, in den anderen Klassen sitzt man
auf einfachen Holzbänken. Bei allen Bahnfahrten ist eine frühzeitige Reservierung unbedingt notwendig. Die Namenslisten der Reisenden der
ersten beiden Klassen werden öffentlich am Bahnhof ausgehängt. Aus
diesen Listen erfährt man seine Abteilnummer. Das Fahrttempo ist sehr
beschaulich, doch durch die vergitterten Fenster läßt sich die Landschaft
nur schwer genießen. Die Preise sind für Europäer erstaunlich niedrig:
für 1000 Kilometer verlangen die Indian Railways nur 80 DM.

Durch Goa führt die Eisenbahnstrecke Miraj — Bangalore der Southern
Central Railways. Größere Bahnhöfe befinden sich in Vasco, Margao und
Mormugao, dem Endpunkt der Strecke. Kleinere Stationen sind Cansaulim, Caranzol, Chandor, Colem, Dabolim, Dudhsagar, Majorda, Cucho-
rem, Seraulim und Sonauli. Panjim ist nicht an das Netz angeschlossen.
Bombay ist erreichbar über Miraj (umsteigen); die Fahrt dauert knapp 21
Stunden. Nach Bangalore via Karwar verkehrt von Margao und Vasco
aus ein Luxusbus der staatlichen Kadamba Transport Corporation. Von
Bangalore aus bestehen gute Zugverbindungen nach Cochin und an die
berühmte Kerala-Beach. Nach Hospet, dem Ausgangspunkt für die Besichtigung der Vijayanagar-Anlage, fährt man zunächst mit dem Bus nach
Hubli, dann per Zug weiter nach Hospet. Information und Reservierung

ist möglich in den Bahnhöfen (Vasco, Tel. 23 98; Margao, Tel. 2 22 52), in Panjim am Interstate Bus Stand sowie bei dem Out Agency Booking Office (Tel. 56 20), vom Zentrum kommend hinter der Brücke rechts bei dem Tourist Office (mittags und sonntags geschlossen).

Reisen im Land / **Mit dem Bus**

Im Zentrum von Panjim befinden sich zwei Busbahnhöfe, von denen aus Verbindungen innerhalb Goas und in andere Unionsstaaten bestehen. Alle Lokalbusse Richtung Norden starten von Betim aus, auf der anderen Uferseite des Mandovi (Fähre) gelegen. Pendelbusse verkehren von Mapusa zum Anjuna- und Vagator-Strand. Margao ist der günstigste Ausgangspunkt, um die Strände im Süden Goas zu erreichen. Die Fahrpreise sind extrem niedrig. Die Fahrer fahren zum Teil recht wild, kennen aber die Maße ihrer Busse genau. Fernbusse verkehren u. a. nach Bangalore und Bombay (ca. 17 Stunden). Vorherige Reservierung ist auch hier unbedingt erforderlich. Langstreckenbusse privater Anbieter sind billiger und komfortabler als staatliche Liniendienste. Tickets sind erhältlich in unzähligen kleinen Reisebüros. Buchungsstellen der staatlichen Unternehmen befinden sich:
Kadamba Transport Corporation, Traffic Office, Bus Stand, Panjim, täglich 9-18 Uhr; Karnataka Transport Corporation/Maharashtra Transport Corporation: Beide Büros befinden sich gegenüber der ehemaligen Schiffsanlegestelle. Öffnungszeiten: 8-11/14-16 Uhr.

Reisen im Land / **Mit dem Taxi**

Taxen sind in Goa preiswert und daher auch für längere Tagesausflüge empfehlenswert. Sie dürfen jedoch nicht über die Landesgrenze führen — dann ist eine Sondergenehmigung erforderlich. Die gelbschwarzen Fahrzeuge sind die indischen Standardtaxen, vom indischen Automobilkonzern Pal in Lizenz hergestellte alte Fiat-Modelle. Die hellbeigen Ambassadorwagen sind zwar etwas teurer, bieten dafür aber „gehobenen" Komfort. Hoteleigene Fahrzeuge und Flughafentaxen fordern die höchsten Preise. Generell gilt: Hin- und Rückfahrten sind selbst bei Wartezeiten oder längeren Pausen wesentlich günstiger als Einzeltouren. Der Min-

destpreis beträgt bei Standardtaxen 3.50 Rupien. Pro Wartestunde werden 10 Rupien aufgeschlagen, ab 20 Uhr gilt der Nachttarif. Häufig sind
die Taxameter, obwohl Pflicht, defekt oder fehlen ganz. Jeder Fahrer führt
jedoch eine offizielle Preistabelle mit sich, die auf Verlangen vorgezeigt
werden muß. Vor Antritt der Fahrt muß der endgültige Fahrpreis bereits
ausgehandelt worden sein.

Aushandeln sollte man die Preise trotz Uhr auf jeden Fall auch bei den
Auto-Rikschas und Scootern, kleinen gelbschwarzen Dreirädern, deren
Geruckel bei längeren Strecken arg ins Kreuz geht. Der Grundpreis beträgt hier 2.50 Rupien. Häufig gelten Festpreise für bestimmte, oft ange-
fahrene Ziele.

Vereinzelt anzutreffen sind auch gelbschwarze Motorrad-Taxen. Die indische Straßenverkehrsordnung fordert nur vom Fahrer das Tragen eines Sturzhelmes. In der Praxis wird er lässig über das Lenkrad gehängt
und während der Fahrt nur vor Ortschaften rasch über den Kopf gestülpt.

Reisen im Land / **Mit dem Leihwagen**

Wer ein Auto mietet, engagiert den Fahrer gleich mit. Autos für Selbst-
fahrer gibt es nicht. Die Vermietung erfolgt generell für mindestens acht
Stunden beziehungsweise 100 Kilometer. Folgende Fahrzeuge werden
durch die GTDC, Tourist Home, Panjim, Tel. 33 96, 39 03, angeboten:

* A/c Deluxe Car: Klimatisierte Luxuskarosse für vier Personen, 8 Rs./km,
15 Rs. Wartegebühr/Stunde, 50 Rs. Nachtzuschlag

* A/c Contessa: klimatisierter Mittelklassewagen für vier Personen, 4.50
Rs/km, 15 Rs. Wartegebühr/Stunde, 50 Rs. Nachtzuschlag

* A/c Ambassador: Geräumiger Mittelklassewagen mit Klimaanlage für
fünf Personen, 4 Rs./km; 15 Rs Wartegebühr/Stunde, 50 Rs. Nachtzuschlag

* Ambassador: Nicht-klimatisierter Mittelklassewagen für fünf Personen,
2.50 Rs./Stunde, 10 Rs. Wartegebühr/Stunde; 50 Rs. Nachtzuschlag

Für Gruppen werden Busse mit 15 bis 41 Sitzplätzen angeboten. Die Ki-
lometerpreise schwanken zwischen 4.50 Rs. und 8.50 Rs. pro Kilometer;
der Nachtzuschlag beträgt 75 Rs. Führt die Fahrt außerhalb Goas, wird
ein zusätzlicher Zuschlag von 100 Rs. erhoben.

Reisen im Land / **Mit dem Fahrrad**

In allen Städten, überall an den Stränden und in den meisten Hotels werden Fahrräder für 6 bis 10 Rs./Tag ausgeliehen. Für rund 100 Rs. werden gegen Vorlage eines internationalen Führerscheins auch Motorräder und Vespas abgegeben.

Religion

In Goa war der Katholizismus Staatsreligion. Er unterdrückte die hinduistische und moslemische Minderheit über Jahrhunderte und rottete sie bewußt aus. Noch heute bezeichnen sich 35 Prozent der Goanesen als Katholiken. 60 Prozent der Einwohner sind hinduistisch, drei Prozent huldigen Allah und dem Koran. Die restlichen zwei Prozent der Bewohner Goas sind Jains, Sikhs oder Parsen, Anhänger der von Zarathustra gegründeten Glaubensgemeinschaft.

Bei den Hinduisten sind Shiva, Vishnu, Ganesha und Durga die populärsten Volksgottheiten. Besonders die Bauern und einfachen Arbeiter haben Krishna in ihr Herz geschlossen. Da es jedoch jedem Hindu frei steht, an wie viele Götter (oder an gar keinen) er glaubt, gibt es eine verwirrende Vielzahl von Gottheiten, die verehrt werden. Auch darf der Hindu seinen Gott im Baum, im Tier, im Fetisch oder nur im Geist verehren und sich ihm im wilden Tanz, in grausamen Blutopfern, Askese, Meditation oder durch eine Pilgerfahrt nähern. Schließlich hat auch jede Gottheit verschiedene „Aspekte", das heißt Erscheinungsformen, in der sie sich offenbart. So ist es für Fremde, die nicht von Beginn an in der Religion aufgewachsen sind, häufig schwer, Tempelbilder und Symbole einer bestimmten Gottheit zuzuordnen. Dennoch gibt es einige, grundlegende Unterscheidungsmerkmale, die nur für eine Gottheit zutreffen.

Brahma: Früher als höchster Herr der Welt verehrt, so ist der „Weltbaumeister" heute unter den Hindus eher unpopulär. Die typischste Darstellung von ihm zeigt ihn mit vier Armen und einem Kopf, der gleichzeitig in alle vier Himmelsrichtungen blickt. In den vier Händen trägt er die Insignien seiner Macht: einen Löffel für Reinigungszeremonien, einen Rosenkranz, die alte Schrift der Veden sowie ein Gefäß mit heiligem Wasser.

Shiva: Shiva, auch „Mahadeva" (Großer Gott) genannt, zählt mit zu den beliebtesten Gottheiten Goas. Der Ehemann von Parvati und Vater von Ganesha wird als Prinzip Leben verehrt. Mit seinem Doppelgesicht verkörpert er die zerstörende und schaffende Kraft des Lebens. Gern wird er daher als „Nataraj", als Welttänzer, inmitten eines Flammenkranzes dargestellt. Sein Symbol, die Lingam, ein aufgerichteter Phallus, fehlt in keinem Tempel. In seinen vier Händen trägt Shiva die Insignien seiner Macht: einen Dreizack, eine Antilope, eine Schlinge zum Fangen der Feinde sowie ein trommelähnliches Instrument.

Entsprechend vielseitig wie Shiva präsentiert sich auch seine Gemahlin.

Durga (Kali/Parvati/Shakti/Uma): Shiva und seine Gemahlin Parvati, die Tochter des Bergkönigs Himalaya, sind das einzige Götterpaar im indischen Pantheon, das gleichberechtigt ist. Als Durga bekämpft und besiegt Shivas Gattin Dämonen, die die Menschheit bedrohen. Als Kali dagegen wandelt sie sich zur blutrünstigen Bestie, die nur durch Blutopfer besänftigt werden kann. Als Prinzip der ungebändigten Lebenskraft heißt sie Shakti, als gnädige und verzeihende Urmutter wird sie als Uma verehrt. Shivas Gattin wird häufig in Begleitung von einem Löwen dargestellt.

Ganesha: Eine alte Legende in der Ramayana berichtet vom Schicksal Ganeshas, des elefantenköpfigen Sohnes von Shiva und Parvati. Shiva, der nach vielen Jahren der Reise zu seiner Gattin Parvati zurückkehrte, fand die Schlafzimmertür verschlossen vor. Drinnen hört er Parvati mit einem Mann murmeln. Wutentbrannt bricht Shiva das Schloß, stürzt auf das Bettlager und schlägt dem vermeintlichen Liebhaber seiner Frau den Kopf ab. Unter Tränen erzählt Parvati, er habe seinen eigenen Sohn getötet. Um ihn zu retten, opfert Shiva seinen treuesten Gefährten und setzt dem Jungen den Schädel auf — er stammte von einem Elefanten. Die Goanesen verehren Ganesha als Gott der Weisheit, des Lernens und des Erfolges. Eröffnen sie einen Laden, schreiben sie ein Examen oder veröffentlichen sie ein Buch, so wird zuerst eine Verehrungszeremonie für Ganesha abgehalten. Ganeshas Erkennungsattribute sind neben dem Beil ein Stock und ein Gebetskranz. Sein Reittier ist die Ratte.

Nandir: Der Stier dient Shiva als göttliches Reittier.

Vishnu: Vishnu, der Weltbewahrer, erscheint, wenn der Menschheit Gefahr droht. Neunmal ist er daher bisher auf die Erde gekommen, jedes

Mal in einer anderen Erscheinung. Zuletzt weilte er in Gestalt von Buddha unter den Menschen. Sein zehntes Erscheinen als „Kalki" erwarten die Hindus in absehbarer Zeit. Vishnu kennt tierische und menschliche Aspekte. Seine leiblichen Erscheinungsformen (atavaras) sind: Fisch, Schildkröte, Eber, Mannlöwe, Zwerg, Parasurama, Rama, Krishna und Buddha. Sein typischstes Symbol ist der Diskus, eine Wurfscheibe, mit derem scharfen Rand die Feinde geköpft werden. Gelegentlich trägt er auch eine Keule oder einen großen Stein in der Hand. Die sanfte Seite in Vishnus Charakter symbolisiert die geöffnete Lotusblüte, gelegentlich auch eine Muschel. Vishnu reitet auf dem Göttervogel Garuda.

Lakshmi: Vishnus Gemahlin, die ihm untertan ist, wird als Göttin der Schönheit, der Liebe und des Glücks verehrt. Sie wird häufig auf einer Lotusblüte sitzend dargestellt, während Elefanten ihr Wasser über das Haar gießen.

Krishna: Der göttliche Lauselümmel wird häufig ganz in Blau dargestellt. Der Gott der Hirten, der in seiner Jugend über 450 Frauen geliebt haben soll, vertreibt sich die Zeit auch gerne als Flötenspieler. Manchmal steht er auf einer Schlange, umfaßt mit der linken Hand ihren Körper und hält in seiner Rechten eine Lotusblume.

→*Feste und Feiertage*

Restaurants →*Essen und Trinken, jeweilige Ortschaften*

Saligao

Saligao ist 13 Kilometer nördlich von Panjim in Richtung Calangute gelegen. Vom höchsten Punkt des Hügelkammes bietet sich ein herrliches Panorama.

Saligao / Sehenswürdigkeiten

Mae de Deus (Muttergottes-)Kirche: Die Kirche wurde 1873 im neogotischen Stil errichtet. Der Muttergottesschrein wurde aus den Ruinen des Mae de Deus-Konvents in Alt Goa hierher gebracht.

Muttergottes-Seminar: Rund 110 Priesteranwärter erhalten hier ihre erste Unterweisung im Priesteramt, bevor sie zur Weiterbildung das Rachol-Seminar bei Raia besuchen.

Sanguem

Die Hauptstadt der gleichnamigen Provinz Sanguem liegt 25 Kilometer von Margao südöstlich am Zuari-Fluß.

Sehenswert ist die im 19. Jahrhundert erbaute Moschee Jama Masjid, die Mitte der 50er Jahre restauriert wurde.

Sanquelim

Sanquelim liegt 37 Kilometer von Panjim entfernt. Rund 4000 Einwohner verteilen sich auf zehn Weiler.

Shri Datta Mandir: Als Heilstätte für Männer mit „ungesunden" Gedanken ist der Trimurthi-Tempel im ganzen Land berühmt. Im Dezember findet hier das berühmte Datta Jayanti-Festival statt, das Gläubige auch aus den Nachbarstaaten anzieht. Der jahrhundertealte Bau ist von schlanken Areca-Palmen umgeben.

Sanvordem

Bei Sanvordem handelt es sich um ein kleines Dorf mit Bahnstation am Zuari-Fluß.

Hier liegt der **Landsitz der Familie Mirandra.** Nach vorheriger Absprache öffnet die Familie Mirandra interessierten Besuchern die Räume ihrer fast 300 Jahre alten Kolonialvilla. Die Inneneinrichtung wurde seit dem Bau kaum verändert und höchstens durch einige moderne Gegenstände ergänzt. Im Bankettsaal (1. Stock) hat der in Delhi lebende Sohn eine private Verkaufsausstellung eingerichtet. Seine modernen Gemälde sind bei indischen Kunstliebhabern sehr begehrt.

Der schattige Innenhof ist eine kleine tropische Idylle: duftende Frangipani-Bäume, leuchtend violette Kaskaden von Bougainvillea, einige Christsterne und unzählige Terracotta-Kübel mit Blumen und kleinen Setzlingen schaffen eine unnachahmliche Atmosphäre.

Schiffsverbindungen: →*Reisen im Land, Anreise*

Sirigal / Sirigao

Fünf Kilometer von Sanguem entfernt liegt das kleine Dorf Sirigal, das durch einen ehrgeizigen Bewässerungsplan, das Salauli-Projekt, auch den Tourismus als zusätzliche Finanzquelle heranziehen will. Dazu wird derzeit der Oberlauf des Zuari, der hier Salauli heißt, durch einen 1,3 Kilometer langen und knapp 43 Meter hohen Erdbetondamm zu einem 24 Quadratkilometer großen See aufgestaut. Neun Dörfer wurden für dieses Projekt bereits überflutet. Wie das Touristik-Dezernat der goanischen Regierung mitteilt, sollen auf dem See Wassersport und Fischerei genehmigt werden. Bade- und Picknickplätze, einige Wanderwege sowie einfache Tourist Cottages zur Unterbringung der künftigen Gäste sind ebenfalls in Planung. Die Einweihung ist noch im Jahre 1991 geplant. Bis zur Fertigstellung des Salauli-Projektes ist jedoch ein anderes Ereignis die Attraktion des Ortes: An religiösen Feiertagen laufen hier die Anhänger des Shiva-Kultes auf dem Markt über glühende Kohlen.

Sitten und Gebräuche →*Bevölkerung, Essen und Trinken, Feste und Feiertage, Religion*

Sport

Fallschirmsegeln: Oberoi Bogmalo

Fitneß: Trainingsräume incl. Kraftsportgeräte finden sich in den Hotels Oberoi Bogmalo, Majorda Beach und Cidade de Goa (alle mit Sauna).

Radfahren: Fahrradverleih im Süden im Hotel Majorda Beach, im Norden bei zahlreichen fliegenden Händlern.

Segeln: Segelboote stellen die Hotels Cidade de Goa, Fort Aguada und The Leela Beach zur Verfügung. Weitere Informationen erteilt: Yachting Association, P.O. Box 33, Panjim, Tel. 32 61.

Tennis: Über Tennisplätze verfügen die Hotels Oberoi Bogmalo, Majorda Beach, Fort Aguada, Cidade de Goa und The Leela Beach.

Tischtennis: Tischtennisplatten und Schlägerverleih gibt es in den Hotels Fort Aguada, Oberoi Bogmalo und Cidade de Goa.

Wandern: Geführte Wanderungen organisiert: The Hiking Association of Goa, Daman & Diu, c/o Captain A. Rebello (Präsident), Captain of the

Ports Office, Panjim, Tel. 50 70. Am Molem Nationalpark beginnen einige markierte Wanderwege: Tambdi Surla (12 km), Dudhsagar Wasserfälle (16 km), Mahavir Wildpark / Atolle Gad (10 km), Matkonda-Berg (2000 ft, 680 m) : (10 km).

Über alle Wassersportarten erteilt auch Aqua Sport, 2. Stock, Ghanekar Building, Jose Falcao Road, Panjim, Tel. 47 06, nähere Auskünfte.

Wasserski: Unterricht und Verleih in den Hotels Fort Aguada, Oberoi Bogmalo, Majorda Beach, Cidade de Goa, The Leela Beach.

Windsurfen: Unterricht und Bretterverleih in den Hotels Fort Aguada, Oberoi Bogmalo, Majorda Beach, Cidade de Goa, The Leela Beach.

Sprache

Über 200 Dialekte und 17 anerkannte Sprachen führen in Indien zu einem babylonischen Sprachwirrwarr, das durch familien- und stammeseigene Sprachformen noch verstärkt wird. So hält sich Englisch immer noch als Amtssprache Nummer eins. Gleichberechtigt dazu gesellt sich Hindi, die in Nordindien am häufigsten gesprochene Sprache, sowie Tamil in den südlichen Unionsrepubliken. Auch Goa ist, trotz seiner geringen Ausdehnung, von einer erstaunlichen Sprachenvielfalt geprägt. Erst die Anerkennung des lokalen Konkani als Landesspache ermöglichte Goa im Januar 1987, sich vom Status eines „territories", das der hinduistischen Regierung in Delhi unterstellt war, zu befreien und ein eigenständiger Unionsstaat zu werden. Die Landessprache Konkani, die einzige indische Sprache mit lateinischen Buchstaben, beherrschen fast 90 Prozent der Bevölkerung als Muttersprache. Daneben sind auch in Goa Englisch und Hindi gleichberechtigte Amtssprachen. Portugiesisch gaben bei der Volkszählung 1981 noch drei Prozent der Goaner als Muttersprache an. Fremdarbeiter aus dem Norden sprechen häufig Marathi, die Landessprache des mächtigen Nachbarstaates Maharashtra, während Zugereiste aus Karnataka Kanada, auch Karnath genannt, sprechen.

In den großen Hotelkomplexen gibt es für Pauschaltouristen keine Sprachprobleme: Neben perfektem Englisch verfügen alle Angestellten inzwischen auch über die wichtigsten Ausdrücke im Deutschen, die im Umgang mit Gästen erforderlich sind. Doch bei der Begrüßung bleiben sie der Landessitte treu. Mit gegeneinander gelegten Handinnenflächen und einer leichten Verneigung grüßen sie '' namaste'' — willkommen.

Staats- und Regierungsform

In Goa, dem 23. Mitglied der indischen Union, herrscht parlamentarische Demokratie. Bis zum Mai 1987 war Goa als „territory'' der direkten Kontrolle Delhis unterstellt. Dem regierenden Chief Governor standen der Chief Minister und der Council of Minister (Ministerrat) zur Seite. Sie zusammen bildeten die 30 Abgeordnete umfassende Legislative Assembly, die von allen volljährigen Goanern auf fünf Jahre gewählt wurde. Die Legislative Assembly entsandte zwei Abgeordnete nach Delhi in die Raiya Sabha (Oberhaus), die Vertretung der Länder. Nach der Ernennung zum Unionsstaat änderten sich die politischen Strukturen nur wenig. Wichtigste Neuerung war jedoch, daß die goanischen Christen nicht länger ohnmächtig der Hindu-Regierung im Norden ausgeliefert waren, sondern eine eigene gesetzgebende Versammlung erhielten. Von den 33 Mitgliedern dieser „Vidhan Sabha'' werden 30 Abgeordnete in freier und geheimer Wahl bestimmt, nur drei ernennt das Staatsoberhaupt, der Governor. Zwei gewählte und ein ernannter Parlamentarier vertreten Goas Interessen jetzt in Neu Delhi. Die goanische Regierung ist jedoch nach wie vor auf den goodwill aus Delhi angewiesen: Sowohl der Premier als auch der Staatspräsident können gegen den Willen der Goaner ihre Länderregierung auflösen.

Auf dörflicher Ebene nimmt der „Panchayat'', der Rat der fünf Ältesten, die staatlichen Verwaltungs- und Gerichtsbarkeitsaufgaben wahr. Bei der Volkszählung 1981 wurden 194 solcher Gemeindeverwaltungen erfaßt. Zu den Bundesaufgaben, die die Zentralregierung in Delhi wahrnimmt, gehören Verteidigung, Außenpolitik, Währung und Kredit, Verkehrswesen, Zölle und Steuern. Bei Polizei, Erziehung, Landwirtschaft, Industrie und Gesundheitswesen liegt die Landeshoheit in Goa.

Strände

Goas Kapital sind die Strände: Zerklüftete Felsküste, unterbrochen von
einsamen, häufig noch unentdeckten Buchten, wechselt sich ab mit traum-
haft weißen, unendlich langen Sandstränden, wo der Mensch sich in der
Weite verliert, dann wieder mit lebhaft-lauten Abschnitten, wo die Inder
am Abend promenieren, Musik machen und hören, die Sonne in den Fluten der Arabischen See untergehen sehen und den Strand in einen indischen Corso verwandeln. Oder die Felsküste wechselt mit unwegsamen,
vom Meer aufgewühlten Stränden, wo Fischer aus Kokosmatten ihr Lager errichtet haben und allabendlich die schweren, dunklen Einboote gegen die starkte Brandung in die See schieben, um am nächsten Morgen
mit Tintenfischen, Pomfret, Kingfish und anderen Meerestieren schwer-
beladen zurückzukehren. Die Touristen konzentrieren sich (noch) auf die
Strandabschnitte nahe den Hotels, wo die geschäftstüchtigen Einheimischen bereits ihre neuen Verdienstmöglichkeiten erkannt haben. „Ear clea-
ning, Mam?" rufen sie schon von weitem, ziehen ein mit Watte umwickel-
tes Eisenstäbchen heraus und beginnen sofort mit dem Ohrenreinigen.
„You very dirty!" folgt der entsetzte Ausruf, und mit einer eleganten Hand-
bewegung zaubert der dienstbeflissene Goaner ein kleines Steinchen aus
dem Ohr direkt auf die Hand. „One rupee extra, Mam ..." Geschickt ba-
lancieren junge Mädchen ihre Ware auf dem Kopf, die sie unermüdlich
strandauf, strandab, anpreisen: gekühlte Limonade, Cola, Obst — mal
Wassermelonen, mal Bananen oder Mangos. Ein zusammengerolltes
Handtuch verrät den Masseur schon von weitem und ihre bunte Kleidung
die Händlerinnen aus dem benachbarten Karnataka. Sie bieten Saris,
Lunghis (dünne Baumwolltücher, unendlich vielseitig und daher im Gepäck jedes eingefleischten Goa-Fans zu finden) und spiegelgeschmück-
te Taschen an. Hier in Goa läßt es sich stundenlang am Flutsaum ent-
langlaufen und seine Füße von den stets mindestens 26 Grad warmen
Fluten der Arabischen See umspülen, ohne auch nur einer Menschen-
seele zu begegnen. Jeder Strand hat seinen eigenen, unverwechselba-
ren Charakter.

→*Agonda, Anjuna, Arambol, Baga, Baina, Calangute, Chapora, Colva,
Dona Paula, Gaspar-Diaz, Palolem, Vagator*

Strom

Im allgemeinen sind 220 Volt üblich. Häufig kommt es jedoch zu Stromausfall (Kerzen stehen immer in den Zimmern bereit) und größeren Stromschwankungen, die unsere Geräte nicht verkraften. Man sollte daher auch ohne elektrische Geräte gut gerüstet sein — z. B. einen Naßrasierer einpacken. Für den Fön benötigt man in einigen Hotels Zwischenstecker („adapter"), die in Goa nur schwer erhältlich sind. Am besten besorgt man sich den notwenigen Adapter-Pack noch vor der Abreise.

Talaulim

Talaulim ist unweit von Goa Velha an der Mündung des Siridao in den Zuari gelegen.

Sehenswert ist die **St. Anna-Kirche:** 1695 auf dem nördlichen Ufer des Siridao-Flusses erbaut, gilt die Kirche unter Kunsthistorikern als architektonisches Juwel indo-portugiesischen Barocks. Die Kirche, die der Heiligen Anna gewidmet ist, ist vor allem wegen einer baulichen Besonderheit sehenswert: Ihre Wände sind hohl, damit Gläubige ungestört wandeln und ihre Beichte ablegen konnten.

Talpona

Talpona ist ein kleiner Segel- und Fischereihafen in der Südprovinz Canacona an der Mündung des Talpona-Flusses in die Arabische See. Aufgrund der extrem niedrigen Wassertiefe kann dieser Schönwetterhafen nur von flachen Segel- und Fischerbooten aufgesucht werden.

Tambdi Surla

23 Kilometer westlich von Ponda in der Provinz Sanguem gelegen, war der Ort Tambdi Surla noch bis vor wenigen Jahren nur zu Fuß von Sancordem aus erreichbar. Seinen Namen erhielt der Ort aufgrund seines Lateritbodens — „tambdi" bedeutet rot.

Tambdi Surla / **Sehenswürdigkeiten**

Im Schutz der Westghats liegen in einer Talmulde die einzig erhaltene Tempel der Kadamba-Könige. Im 12./13. Jahrhundert entstanden, handelt es sich hier um die mit Abstand älteste noch erhaltenen Kultstelle in Goa. Auch ihre Bauweise verrät das Alter: Die Shiva geweihten Tempel wurden aus weichem Basaltgestein herausgearbeitet.

Die Tempel von Tambdi Surla sind inzwischen von der indischen Regierung zum „protected national monument" erklärt worden. Seitdem fließen auch die finanziellen Mittel, um dem Archaeologica Survey of India umfangreiche Restaurierungsarbeiten zu ermöglichen. Da vor einigen Jahren die Hallendecke eingestürzt war, mußte einer der Tempel aus den Fundstücken originalgetreu wieder aufgebaut werden.

Telefon

Telefongespräche nach Europa müssen an der Rezeption oder direkt beim Operator angemeldet werden. Die Wartezeiten für eine Vermittlung schwanken zwischen ein bis drei Stunden, schneller geht es am Abend. Ein Dreiminutengespräch kostet z. Zt. 102 Rs. plus Hotelcharge, die unterschiedlich hoch ausfällt: Manchmal erhöht sich die Grundgebühr auf 300 Rs. Direkt vermittelt werden Gespräche nur vom Restaurant „O Coqueiro", im Norden an der Nationalstraße Panjim-Mapusa gelegen. Der Andrang ist dementsprechend groß.

Telegramme nehmen die Hotelrezeptionen entgegen. Die englischsprachigen Formulare sollte man bitte deutlich in Blockschrift ausfüllen.

Tempel

In jedem Dorf gibt es in Goa inzwischen wieder einen Hindu-Tempel, in dem die Götter verehrt und um Hilfe und Beistand gebeten werden. Shiva, sein elefantenköpfiger Sohn Ganesha, Vishnu und der Affengott Hanuman spielen die größte Rolle im urindischen Götterhimmel *(→Religion)*. Doch diese religiöse Toleranz herrschte nicht immer. Als die Portugiesen Goa eroberten, begannen sie bald unter dem Druck der Gegenreformation mit Zwangsmissionierungen. Viele Hindus flüchteten damals in die einsame Hügellandschaft um Ponda, da dieses Gebiet erst rund 250 Jahre später der Kolonie angeschlossen wurde. Wer bereits die großartigen Tempelanlagen Indiens kennt, wird hier einen völlig neuen Tempeltyp entdecken: mit roten Ziegeln gedeckt, spitzgiebeligen Hallen und massiven Türmen.

Da jeder Tempel ein Abbild des mystischen Weltbildes der Hindus ist, finden sich in jedem Tempel immer wiederkehrende architektonische Grundelemente, die durch die Jahrhunderte hinweg erhalten blieben und nur variiert wurden. Die Tempel stellen die Erde als Viereck dar, von hohen Gebirgen, den Tempelmauern, umgeben. Außerhalb schließen sich die Meere des unendlichen Weltalls an, aus denen alles Leben entsteht — symbolisiert im Tempelteich oder „tank", einem natürlichen oder künstlich angelegten Wasserreservoir. Ursprünglich nur für rituelle Waschungen und Opferhandlungen gedacht, erkannten die Hindus schnell seinen praktischen Nutzen und wuschen Kleidung, Kochgeschirr und die eigenen Kinder gleich mit.

Den eigentlichen Tempel betritt man durch ein zentrales Haupttor. Dort liegt auch meist die Trommelkammer (nagarkhana), wo niedere Tempeldiener mit Trommeln anmahnen, daß es wieder Zeit für eine Verehrungszeremonie („puja") sei. Entlang der Tempelmauer ziehen sich an drei Seiten die Pilgerquartiere, die „agrashalas", entlang. Die stufenförmige, freistehende Steinlampensäule neben der Haupthalle wird in Goa „dipmal" genannt. Der eigentliche Tempel ist in mehrere Räume unterteilt, deren Heiligkeit nach innen zunimmt. Die Versammlungshalle („sabhamandapa") ist häufig als offene Säulengalerie gestaltet. An sie schließt sich der Korridor oder Gebetsraum („mandapa") zum Sanktum („antarala") an. Der allerheiligste Bezirk, die „cella" mit ihrer Kultzelle („garbhagriha") darf nur vom Priester betreten werden. In der „gharbhagriha", zu deutsch „Mutterschoß" oder „Uterus", befinden sich Bildnis oder Statue des Tempelgottes sowie sein Symbol. Von außen kann man die Lage des heiligsten Bereiches schnell erkennen: Ein kleiner Turm, der als „shikhara" den mystischen Weltberg Meru versinnbildlicht, erhebt sich über der Kultzelle. Auf seiner Spitze trägt er eine wassergefüllte, meist goldene Kugel, die „amalaka". Die Hindus glauben, daß hier der göttliche Funke überspringt.

Jeden Tag um 12 Uhr kann man Zeuge des „puja" sein, der Verehrungszeremonie, die fünfmal am Tag durchgeführt wird: bei Sonnenaufgang,
im Laufe des Vormittags, mittags Punkt 12 Uhr, am Nachmittag und zum
Sonnenuntergang. Gibt man dem Brahmanen, erkennbar an der weißen
Schnur auf dem nackten Oberkörper, eine Opfergabe in Form einiger Rupien, so wird auch der Nicht-Hindu in die Segnung eingeschlossen. Aus
der Hand des Priesters trinkt man einen kleinen Schluck geweihten Nel-
kenwassers und fährt anschließend mit der rechten Hand (die linke ist
schmutzig!) leicht von der Stirn über die Haare zum Nacken, bevor der
Blick für wenige Sekunden auf die silberne Statue der Gottheit und die
heilige Flamme freigegeben wird. Das ganze Spektakel wird begleitet von
lauten Trommelschlägen und Glockengebimmel. Leise singen dazu die
Gehilfen, ebenfalls alle aus der Führungskaste der Brahmanen, tradier-
te „mantras" und rezitieren die heiligen Schriften auf Sanskrit. Zum Abschluß tupft der Priester mit dem Finger das „Tikka", einen tiefroten Punkt
aus feingemahlenem Puder, als Zeichen der erfolgreichen Pilgerschaft
auf die Stirn.
→*Feste und Feiertage*

Tiere

Raben und Krähen sind, abgesehen von Insekten, wohl die am häufigsten vorkommenden Tiere: Sie übernehmen in Goa die Rolle der frechen
Spatzen und der diebischen Elster. Offene Hotelfenster bieten für sie eine unwiderstehliche Verlockung: Im Handumdrehen stiebitzen sie
Schmuck und andere glänzende Dinge. So mancher Hoteldiebstahl ent-
puppt sich schnell als eine tierische Angelegenheit.
Die Affen stehen den gefiederten Dieben in keiner Beziehung nach. Mit
Vorliebe schnappen sie die zurückgelassenen Schuhe der Tempelbesu-
cher. Da hilft nur eines: mit einem Stock oder Stein zum Scheinangriff
überzugehen. Bei ihrer Flucht lassen sie meist erschrocken alles fallen.
Auf keinen Fall sollte man versuchen, ihnen die geraubten Sachen zu
entreißen — sie verteidigen „ihr" Hab und Gut mit äußerst schmerzhaf-
ten Bissen. Am häufigsten lassen sich die Languren, Hutaffen, Gibbons
und Meerkatzen in den Wäldern der Westghats beobachten; gerne hocken

sie auch auf den Bäumen am Straßenrand. Mit einigen Nüssen oder gerösteten Hülsenfrüchten lockt man sie schnell hervor.

Die weißen Zeburinder mit ihrem markanten Jochbein, ideal zum Anspannen, sind auch in Goa allgegenwärtig. Sogar in den Städten sind sie oft zu finden, wo sie alleine über den Markt streunen und sich Futter besorgen, indem sie schnell einmal ihr Maul in die offenen Garküchen stecken, bevor sie von den erbosten Händlern unter lauten Flüchen verjagt werden. Legt sich eine Kuh zur Rast auf die Fahrbahn, hilft nur Warten oder gutes Zureden. Wer das heilige Rind anfährt, muß mit empfindlichen Strafen rechnen; auf seine Tötung stehen hohe Gefängnisstrafen. Als heilig gilt das Rind in Indien bereits seit über 3000 Jahren, seit den Tagen der arischen Einwanderung im Industal: Nur so konnte man sicherstellen, daß die eigene Lebensgrundlage nicht zerstört wurde. Die Milch der Kuh liefert einen wichtigen Beitrag zur Ernährung, ihr Urin desinfiziert durch seinen hohen Ammoniakgehalt, mit Kuhdungscheiben — auf dem Markt für wenige Rupien erhältlich — wird Feuer gemacht. Als Rohmasse eignet sich Kuhdung hervorragend zum Verputzen der Häuser. In Pompurpa fertigte ein findiger „Hotel"-Besitzer daraus sogar eine Sitzbank an. Als Zugtier auf dem Acker, als Lasttier und als einfaches Transportmittel dient das Zeburind zu vielerlei Arbeiten. Seine Ernährung ist zudem recht unproblematisch — man schickt es einfach fort, das Futter selbst zu suchen.

Weit verbreitet sind in Goa auch die schwarzen Wasserbüffel. Unermüdlich gehen sie auf den Reisfeldern im Joch, ziehen den archaischen Holzpflug durch die schwere, wasserüberflutete Erde und kühlen sich selbst in den kleinsten Wasserlachen. Da sie keine Schweißdrüsen besitzen, würden sie sonst an Überhitzung sterben.

In den beiden Nationalparks der Westghats sind noch über 80 freilebende Gaurs, eine indische Bisonrasse, heimisch. Auch Giftschlangen gibt es in Goa, doch die weitverbreitete Angst vor ihnen ist unbegründet: Sie sind sehr geräuschempfindlich. Sobald man fest auftritt, verschwindet jede Schlange schon von selbst. Vorsicht ist dagegen bei Termiten angesagt. Ihre Höhlen sind ein beliebter Unterschlupf der Kobras, ebenso die Reisfelder. Eine alte Legende berichtet davon:

Die Prinzessin Shri Devi verliebte sich eines Tages gegen den Willen ihres Vaters in den wunderschönen König des Reisfeldes. Erbost verwan-

delte er sie in eine Kobra. Als der Zauber gewirkt hatte, fand sie sich auf der Erde inmitten eines großen Reisfeldes wieder. Der Bauer, dem das Reisfeld gehörte, freute sich natürlich über diesen Gast, der alle ungebetenen Nager fraß und ihm so alljährlich zu Rekordernten verhalf. Langsam wurde die Dorfbevölkerung mißtrauisch. Sie beschloß, das Geheimnis des Bauern zu lüften. Voller Staunen beobachtete sie, wie der Bauer mit der Schlange sprach, ihr kleine Opfergaben hinstellte und sie mit Blumen schmückte. Am nächsten Tag waren alle Reisfelder des Dorfes, und im Laufe der Zeit alle Felder in Indien, mit einem kleinen Tempel mit Opfergaben für Shri Devi geschmückt. Neugierig, wie es Schlangen nun einmal sind, verließ Shri Devi ihr heimisches Reisfeld. Seit jenem Tage weiß niemand mehr genau, wo sie steckt ...

Vielerorts sieht man auch strahlend weiße Vögel in den leuchtend grünen Reisfeldern nach Nahrung suchen: dabei handelt es sich um Kuhreiher, die hier überwintern. Schnell fliegende grüne Papageien sind oft in der Nähe von Tempeln zu finden; hier und dort hocken auf Telegraphenmasten die majestätischen Königsfischer (kingfisher) mit ihrem tiefblauen Gefieder. Als natürliche Seuchenpolizei fungieren die Geier: Sie verzehren an der Straße ausgelegte oder verendete Tierkadaver innerhalb weniger Minuten.

Krokodile, Elefanten, Tiger und Panther, die für uns einfach zu Indien gehören, finden sich in Goa nur im Zoo. Im Bondla Wildpark gurrt hinter dicken Stahlgittern der ungeliebte Plagegeist unserer Großstädte — die europäische Haustaube. Allgegenwärtig in Goa ist jedoch ein Tier, dem Remo, Goas international erfolgreicher Popstar, ein eigenes Scherz- und Spottlied gewidmet hat: „The Goan Pig" — das goanische Schwein. Als Jungtier saust es durch die Dörfer, jungen Hunden zum Verwechseln ähnlich; dick und fett erinnert es ausgewachsen an ein domestiziertes Wildschwein. Unser rosa Hausschwein wurde erst im 18. Jahrhundert nach Indien importiert.

Tirakol

Tirakol ist ein kleiner Ort im äußersten Norden von Goa, 42 Kilometer von Panjim entfernt.

Tirakol / **Sehenswürdigkeiten**

Tirakol Fort: Auf einem Vorgebirge aus rotem Laterit thront die nördlichste Zwingfeste der Portugiesen. Erbaut von Bhounsel, wurde die Festung im November 1746 vom portugiesischen Vizekönig Marquis de Alorna in die Kronkolonie annektiert. Während der Regierung von Governor General Bernardo Peres da Silva stürmten portugiesische Aufständische das Fort und massakrierten alle dort stationierten Soldaten.

St. Antonius Kapelle: Die Kapelle von Tirakol, im November 1746 zu Ehren der göttlichen Dreieinigkeit von Vater, Sohn und Heiligem Geist errichtet, wurde später dem Nationalheiligen von Portugal, St. Antonius, geweiht.

Tirakol Memorial: Am 16. September 1954 rief der National Congress von Goa zum „satyagraha", zum widerstandslosen Protest, wie ihn Gandhi vorgelebt hatte, auf, um die Befreiung Goas durchzusetzen. An dieser Massenkundgebung nahmen auch Inder der Nachbarstaaten teil. 15 Jahre später, am 16. September 1969, legte die „Goa Freedom Fighter Association" den Grundstein zu diesem Denkmal, mit dem sie an den Märtyrertod von Hirve Guruji und Wadekar, die während des Protestes umkamen, erinnern wollen.

Tirakol / **Praktische Informationen**

Unterkunft: Das ehemalige Fort wurde in ein einfaches Hotel, das Tourist Rest House, umgewandelt; Reservierungen an: P.O. Kerim Pernem, Goa Reservation Authority Caretaker; Einzel- und Doppelzimmer sowie Schlafsaal sind vorhanden.

Touristen-Information

Das staatliche Department of Tourism, Government of Goa, Daman & Diu, unterhält Informationsbüros in: Panjim: Rua Alfonso de Albuquerque, Tel. 26 73; Interstate Bus Terminus, Schalter 5, Tel. 56 20 (9.30 bis 16 Uhr); Margao: Municipal Building, Tel. 25 13; Vasco da Gama: Joshi Building, Tel. 26 73; Dabolim Airport: Tourist Information Counter, Tel. 26 44. Fremdenverkehrsbüros der Nachbarstaaten befinden sich für Maharashtra in Panjim, Tourist Hotel, Tel. 35 72; Interstate Bus Terminus. Für Karnataka in Panjim, Velho Filhos Building, Tel. 41 10.

Das staatliche indische Fremdenverkehrsbüro, Government of India Tourist
Office, befindet sich im Communidade Building, Church Square, Panjim,
Tel. 34 12.

Trinkwasser

Grundsätzlich: Niemals Leitungswasser trinken. Das Hotelwasser, in Ther-
moskannen bereitgestellt, ist abgekocht und einwandfrei. Da man bei seiner Ankunft jedoch nicht weiß, wie lange das Zimmer unbenutzt war und
wann das Wasser aufbereitet wurde, sollte man die erste Kanne vorsorglich in den Abguß entleeren und um frisches Wasser bitten. Bei Wasser
in Flaschen ist darauf zu achten, daß die Flasche original verschlossen
ist. Zum Zähneputzen kann in den Hotels bedenkenlos Leitungswasser
verwendet werden.

Unterkunft

Das Schreckgespenst der Kolonialzeit ist noch in der Gesetzgebung zu
spüren: In ganz Indien sind keine rein ausländischen Firmen gestattet.
Mindestens zwei Drittel des Betriebskapitals müssen in indischen Hän-
den liegen. Die Mehrheitsverhältnisse bei diesen joint-venture-
Unternehmen gelten vom Management bis zum einfachen Zimmermäd-
chen. Ein Beispiel: Hinter der größten indischen Hotelkette Welcome-
Group verbirgt sich der amerikanische Hotelmulti Sheraton. Die zweite
Bedingung im Lizenzvertrag: Der Profit muß im Lande angelegt werden.
So soll verhindert werden, daß die Urlaubsdevisen außer Landes fließen,
ohne daß das Gastgeberland vom erduldeten Tourismusboom profitiert.
Auf den ersten Blick erscheint diese Politik bemerkenswert für einen Staat
der Dritten Welt. Bei genauerer Analyse wird jedoch sein teuflischer Kreis-
lauf sichtbar: Je stärker Goa in der Gunst der Urlauber steigt, desto mehr
Hotelburgen pflastern die Strände zu. Der wirtschaftliche Segen wandelt
sich zum Fluch.
Allerorts sind die Folgen bereits in Goa sichtbar *(→Geschichte / Abschied
vom Paradies)*. Binnen drei Jahren — seit der gezielten Expansion des
westlichen Pauschaltourismus — wuchs Goas Übernachtungskapazität
auf über 270 Herbergen mit mehr als 11 000 Betten an. Die Tendenz ist

weiter ungebrochen steigend. Doch nur 14 dieser Häuser, Familienpensionen eingeschlossen, genügend annähernd den hohen Ansprüchen westlicher Sonnenanbeter. Nur fünf von ihnen sind wahrhaft luxuriöse Urlaubsdomizile, deutlich hervorgehoben durch stilvolles Ambiente, exquisite Küche, unauffälligen, aufmerksamen Service. Und natürlich durch ihren Preis: Zehn Prozent werden vom Staat als Luxussteuer auf den Zimmerpreis aufgeschlagen und sind grundsätzlich in Devisen zu zahlen. Wer seine Unterkunft auf eigene Faust suchen will, findet in dem vom Directorate of Tourism, Panjim, herausgegebenen Heft „Accomadation in Goa" genaue Angaben zu Name, Lage und Preis der Herbergen, die je nach Standard in vier Kategorien eingeteilt werden. Da sich die Hotellandschaft von Saison zu Saison rapide ändert, sind im folgenden nur die Hotels kurz charakterisiert, die sich im Angebot westlicher Touristikunternehmen befinden. Weitere Übernachtungshinweise sind unter den jeweiligen Ortschaften aufgelistet sowie unter dem Kapitel „agrashalas". Die Spitzenposition unter den noblen Luxusherbergen nimmt seit Jahren unangefochten ein Hotel ein, das nicht nur von den Preisen (ab 1000 Rs pro Nacht), sondern auch von seinen Ausmaßen her das höchste ist, was Goas Hotellerie zu bieten hat: 200 Meter hoch über dem Sinquerim Strand, dem südlichen Abschnitt des Calangute Strand, erstreckt sich die weitläufige Anlage des **Fort Aguada Beach Resort.** Zusammen mit der Villen-Anlage **Aguada Hermitage** gilt es weltweit als das beste Badehotel Indiens. Mit weiteren 32 Cottages des **Taj Holiday Village** wurde hier eine gigantische Anlage für insgesamt 600 Gäste geschaffen, für die fast ebenso viel Servicepersonal beschäftigt wird. Alleine 50 Gärtner sind für die große Gartenanlage zuständig. Erbaut auf den alten Ruinen des Fort Aguada, bietet das Vorzeigehaus der Alcon-Gruppe neben dem optimalen Standard nicht nur exzellente Sport- und Freizeitmöglichkeiten, sondern auch Küchenkünste, die ihresgleichen suchen. Wer kulinarische Entdeckungsreisen liebt, darf der Karte des „Seashell Restaurant" blind vertrauen. Seien es das „Sarpatel", eine scharfwürzige Schweineleber, der in Weinessig marinierte „Vindaloo", die fangfrisch gegrillten Tigergarnelen in kräftiger Knoblauchbutter, die kunterbunten „Pilaws" aus Reis, die „Curries", die „Thalis" oder die „Dhosas", alles sind wahre Köstlichkeiten. Die Köche des Fort Aguada bieten dem Gourmet eine unendlich verführerische Gaumenreise durch die unermeßliche Speisenvielfalt des Subkontinents. Doch wer partout auf Burger oder Schnitzel schwört, wird auch nicht enttäuscht. Kleine Snacks und exquisite Cocktails bietet die „Old Anchor Bar".

Fünf Häuser, nach internationalen Maßstäben noch der Luxusklasse zugehörig (500 bis 800 Rs pro Nacht), sind bereits für den Normaltouristen erschwinglich. Das **Majorda Beach Resort** (240 Betten, Eastern International Hotels Group) am gleichnamigen Strand, eine großzügig geschnittene Anlage aus rotem Backstein mit weitläufigem Gartenpark, bietet exzellente Sportmöglichkeiten. Zum nahen Margao wird ein Shuttle-Dienst angeboten. Das **Oberoi Bogmalo Beach Hotel** (252 Betten, Tradewings Group), gleich neben dem Dorf Bogmalo mit seinen unzähligen Maßschneidern (sie hätten eher den Namen „Schnell-Schneider" verdient) gelegen, verbindet die Internationalität eines Tagungs- und Kongreßhotels mit den Annehmlichkeiten eines Urlauberdomizils. Alle Zimmer verfügen über Meerblick, doch die Badebucht des Bogmalo Beach ist recht klein und eng. Nur acht Kilometer von Panjim entfernt liegt schließlich die weitläufige, sehr portugiesisch anmutende Anlage des **Cidade de Goa** (202 Betten, Welcome Group). Sie wurde 1982 — 1985 nach Plänen des preisgekrönten Architekten Charles Correa erbaut. Vom Schwimmen am Cidade Strand, einem Teilabschnitt des Vainguinim Beach gegenüber von Mormugao Hafen, wird abgeraten. Das Wasser ist hier häufig von dem Öl, das von den wartenden Schiffen abgelassen wird, verschmutzt.

Erst zur Saison 1990 eröffneten zwei weitere Nobel-Herbergen:

The Leela Beach (500 Betten / Kempinski-Gruppe) liegt im Süden der Colva Beach an einer kleinen Lagune, unweit des kleinen Dorfes Mobar. Das 5-Sterne-Haus verfügt nicht nur über exzellente Sport- und Freizeitmöglichkeiten, sondern auch über ausgezeichnete Restaurants: „ La Gondola" bietet italienische Küche, „The Riverside Wharf" Seafood-Spezialitäten.

Dona Sylvia, der mediterrane Beach-Resort im Süden des Cavelassim-Strandes, wurde von dem renommierten Architekten Charles Correa entworfen. Die 170 Zimmer verteilen sich auf mehrere weiß gehaltene, gemütlich eingerichtete Villen im postmodernen Stil. Die drei Restaurants des Ashok-Hauses bieten goanische, vegetarische und chinesische Küche.

Zur First Class zählen in Goa das **Hotel Mandovi,** früher das Stadthotel in Panjim, das dortige **Hotel Fidalgo** sowie das **Ronil** (116 Betten) unweit des Baga-Beach. Kreisförmig angelegt, gruppieren sich zweistöckige Einzelhäuser zu je acht Zimmern um einen Innenhof mit Swimmingpool. Gute Mittelklassehäuser sind in Panjim das **Nova Goa,** in Vasco da Gama das **Hotel La Paz** und das **Hotel Zuari** sowie in Colva das **Penthouse Beach Resort,** eine kinderfreundliche Anlage, die im Januar 1988 fertiggestellt wurde. Bereits 1987, im ersten Jahr des Goa-Booms, wurde **The Goan Heritage** eröffnet (130 Betten), eine einfache, gemütliche Anlage direkt am Calangute Strand.

Noch fast ein Geheimtip sind die preiswerten Bungalows des **Vagator Beach Resort** unterhalb des Chapora Fort im Norden. Die einfachen Häuser sind die ideale Unterkunft für Familien mit Kindern, die in den großen Hotelburgen offiziell willkommen sind, aber doch nur geduldet werden.

Vagator

An der Mündung des Chapora-Flusses gelegen, ist der ehemalige Hippie-Strand Vagator nur über eine alte Teerstraße zu erreichen. Man bleibt hier am liebsten unter sich, neue „Eindringlinge" werden zunächst kritisch beäugt. Der Strand, obwohl recht kurz, ist sehr malerisch. →*Chapora*
Übernachtung: Diamont International: 30 Bungalows mit Dusche/WC; Restaurant, Bar; Tennisplatz; Strand: ca. 1 km entfernt.

Valpoi

55 Kilometer nördlich von Panjim liegt die kleine Stadt Valpoi, die sich als Ausgangspunkt für einen Ausflug nach Carambolim (7 km) anbietet. Dort befindet sich einer der wenigen noch erhaltenen Brahma-Tempel Indiens. →*Carambolim*
Übernachtung: Valpoi Forest Rest Houses.

Vasco da Gama

Vasco da Gama, auf dem linken Ufer des Zuari-Flusses gelegen, ist das Verkehrszentrum Goas: Hier endet die Bahnline, kommen in Dabolim die Flugzeuge an und verlassen die Erzfrachter den Hafen Mormugao.

Vasco / **Praktische Informationen**

Apotheken: Cosme Matias Menezes, nahe Taxistand, Tel. 23 64; Menezes & Cia., nahe Taxistand, Tel. 26 45; Farmacia Salcete, nahe Baroda Bank, Tel. 25 81; Farmacia National, nahe Taxistand, Tel. 25 88; Farmacia Vasant, nahe Taxistand, Tel. 25 11.

Bahnhof: Tel. 23 98

Essen und Trinken: Little Chef Restaurant (Fast-Food), neben dem Cine Vasco.

Restaurant im Hotel Annapurna. „Nanking", chinesische Küche, neben Hotel La Paz.

Hotel Zuari, vorzüglich, aber recht teuer.

Krankenhaus: Tel. 24 54

Polizei: Tel. 23 04

Post und Telefon: Tel. 27 64

Reisebüro: West Coast Tours, Vila Rebelo, Mundvel, Tel. 21 10; Merces Travels, 6 Vasco Towers, Tel. 20 77; Rau Raje Desprabhu, Tel. 23 04.

Touristen-Information: Tourist Information Centre, Joshi Building, Tel. 26 73.

Übernachtung: *I. Westlicher Stil*

Lapaz Hotel, Sawantantry Path, Tel. 21 21 (sechs Leitungen), Telex: Vison 0191-291, Klimaanlage.

Hotel Zuari, Tel. 1 27.

Tourist Hotel, Tel. 31 19.

Hotel Annapurna, Tel. 31 85.

Verkehrsverbindungen: Regelmäßige Busverbindungen bestehen nach Panjim. Die Fahrt dauert rund eine Stunde.

Vasco / **Umgebung**

Erzhafen Mormugao: →*dort*

Baina Beach: Den Baina Beach, am linken Flußufer des Zuari gelegen, suchen besonders Einheimische auf. Wegen der hohen Industrialisierung des Einzugsgebietes von Vasco wird vom Baden stark abgeraten.

Vela Goa: →*Alt Goa*

Verkehr

In Goa herrscht Rechtsverkehr. Die Verkehrszeichen und -regeln entsprechen den europäischen — jedenfalls offiziell. Inoffiziell fährt jeder Goaner sehr individuell, das heißt temperamentvoll.

Fehlende Rückspiegel in Bussen sind üblich; statt dessen hocken junge Männer auf den Trittbrettern, die durch unterschiedliche Pfeiftöne signalisieren, wie weit der Fahrer noch zurücksetzen darf. Ebenso geschickt wie gefährlich ersetzen sie fehlende Blinker: Weit hängen sie sich, sich mit einem Arm am Türgriff festhaltend, hinaus und signalisieren mit recht eindeutigen Gesten, daß der Bus jetzt Vorfahrt beim Links- oder Rechtsabbiegen hat.

Die gute Infrastruktur des Landes geht auf die Portugiesen zurück, die das erste befestigte Straßennetz zur Verbindung ihrer Stützpunkte anlegten. Heute führen drei Fernstraßen (National Highways) durch Goa. Die N 17 Bombay-Karwar durchläuft Goa in Küstennähe von Norden nach Süden und verbindet so die wichtigsten Städte des Landes, Mapusa, Panjim und Margao, miteinander. Eine Nebenstrecke, die N 17 A, führt von Cortalim, dem Kreuzungspunkt mit der N 17 südlich der Zuari-Brücke, zum Erzhafen Mormugao. Von Panjim aus führt die N 4 A über Alt Goa und Ponda nach Belgaum im Nachbarstaat Karnataka. 1980 umfaßte das gesamte Straßennetz Goas 4380 km.

Versicherung im Krankheitsfall

Das ärztliche Gesundheitswesen in Goa ist flächendeckend und — im Vergleich zum indischen Durchschnitt — überaus vorbildlich. Zentrum des Gesundheitswesens ist Panjim mit seinem renommierten Medical College, seinen zahlreichen privaten und staatlichen Kliniken und der einzigen deutschsprechenden Ärztin *(→Panjim)*. Alle gängigen Medikamente sind in Goa ohne Probleme erhältlich. Wer jedoch regelmäßig Medikamente benötigt, sollte sich seine verschreibungspflichtigen Arzneien in ausreichender Menge bereits daheim vom Hausarzt verschreiben lassen. Schwere Tropenkrankheiten wie Malaria oder Filaria (Fadenwurm) sind in Goa ausgerottet. Wer dennoch auf Nummer sicher gehen will, kann bereits bei der Buchung im Reisebüro ein „Rundum sorglos-Paket" abschließen, das neben einer Reisegepäckversicherung auch Schutz gegen Krankheit und Unfall beinhaltet.

Visum →*Dokumente*
Währung →*Geld*
Wetter →*Klima*

Wirtschaft

Landwirtschaft

Wirtschaftszweig Nummer eins des kleinen Landes ist (noch) die Landwirtschaft. Wenn die Monsunregen für genügend Niederschläge sorgen, können Goas Bauern zwei Ernten pro Jahr einfahren. Die Monsunpflanzungen, „kharif" genannt, werden Anfang Juni ausgesät und Anfang Oktober geerntet. Die Winterernte, „rabi", ist dagegen meist auf künstliche Bewässerung angewiesen. Sie wird im November ausgesät und Anfang März geerntet. Rund 40 Prozent des Landes sind urbarer Ackerboden. Hauptanbaugetreide ist Reis, zweitwichtigste Anbaufrucht Cashew. Ebenso wie Papaya, Mango, Bananen, Ananas und Kokos werden all diese Erzeugnisse größtenteils nach Übersee exportiert. Vieh wird in Goa nicht gezüchtet. Im Durchschnitt besitzt ein Bauer in Goa nur ein Paar Wasserbüffel, die er zur Feldarbeit und als Lasttiere einsetzt. Fischfang spielt jedoch für die Ernährung und die Wirtschaft des Landes eines große Rolle. Riesige Makrelen- und Sardinenschwärme nähern sich regelmäßig der Küste. Gefischt wird überwiegend noch traditionell von Einbäumen mit Auslegernetzen aus. Nur wenige Fischer verfügen über motorisierte Boote oder große Kutter. War Goa früher von ausgedehnten Teakholzwäldern überzogen, so beträgt der Waldbestand heute nur noch ein knappes Viertel. Um ein Fortschreiten der Bodenerosion zu verhindern, überwacht das staatliche Forest Department durch jährliche Quoten Einschlag und Aufforstung. Die Kontrolle ist jedoch kaum wirksam, trifft sie doch den zweitgrößten Wirtschaftszweig des Landes: Die Abbaugebiete des Eisenerz-Bergbaus liegen alle in den Wäldern der Westghats.

Bergbau

Der Bergbau findet sich auf das Gebiet um Ponda konzentriert. Im Tagebau werden Magnesium, Bauxit-Silikate und Eisen(erze) abgebaut — meist von Frauen in Handarbeit oder unter Einsatz einfachster Werkzeuge und Maschinen. Schon die Portugiesen begannen mit dem Abbau der Bodenschätze.

Industrie

Die Industrialisierung setzte in Goa erst recht spät ein. Noch unter den Portugiesen entstanden Reifenwerke, Nahrungsmittelindustrien zur Fisch-, Frucht- und Reisverarbeitung sowie einige Seifenfabriken. Heute sind 31 Großindustrien in Goa heimisch, unter ihnen Chemiefabriken, Zuckerraffinerien und Baumwolle verarbeitende Betriebe. Ein Gewerbegebiet nach westlichen Maßstäben entsteht zur Zeit im Industriepark von Ponda.

Tourismus

Der Tourismus, noch an vierter Stelle im Wirtschaftsvolumen, wird jedoch immer stärker zum tragenden Faktor der goanischen Wirtschaft. Tourismusstrategen bauen mit konsequenter Rücksichtslosigkeit Goa zum Fernreiseziel Nummer eins aus. Die Zeiten sind günstig. Der große Konkurrent Sri Lanka ist durch die ständigen Unruhen außer Gefecht gesetzt. Im Winter 1985/86 landete die erste Condor mit Pauschaltouristen aus Deutschland. Inzwischen kommen auch Engländer und Russen. 800 000 Besucher, davon allerdings erst zehn Prozent Ausländer, verbringen jährlich in Goa die kostbarsten Wochen des Jahres. Auch hier gilt: Die Tendenz ist steigend. So wird eifrig weitergeplant — auch gegen den Widerstand der Bevölkerung. Sieben große Hotelanlagen liegen heute bereits an den Traumstränden, 19 weitere befinden sich im Bau. Und in den Schubladen der internationalen Architekten warten weitere Projekte auf Realisierung.

Zambaulim

Zambaulim ist 22 Kilometer südlich von Margao in der Provinz Sanguem gelegen.

Sehenswert ist der **Shri Damodar-Tempel:** Idyllisch gelegen direkt am Ufer des Kushvati-Flusses, im Volksmund auch Panti genannt. Der Fluß wird sowohl von Hindus wie auch von Christen als heilig verehrt, da seinem Wasser eine heilende Wirkung zugesprochen wird. Eine Woche lang wird das Holi-Fest, das in Goa „Shigmo" heißt, hier gefeiert.

Zeit

Die Zeitverschiebung zu Deutschland beträgt 4,5 Stunden — auf dem Hinflug muß die Uhr um diese Zeit vorgestellt, auf dem Rückflug zurückgestellt werden.
Während der Sommerzeit beträgt die Zeitdifferenz 3,5 Stunden.

Zoll

Einreise

Gegenstände des persönlichen Bedarfs sind zollfrei. Dazu gehören pro Person:
1 Fernglas, 1 tragbares Tonbandgerät, 1 Transistorradio, zwei Kassettenrecorder (kein Radiorecorder!), 1 Reiseschreibmaschine, 2 Fotoapparate mit 25 Filmen, 1 Filmkamera mit 10 Filmrollen, 200 Zigaretten oder 50 Zigarren oder 250 g Tabak sowie 0.95 l Spirituosen. *Verboten* ist die Einfuhr von Drogen, lebenden Tieren und Pflanzen sowie Gold- und Silbermünzen.

Ausreise

Souvenirs im Gesamtwarenwert von 115 DM — auch indische Seide und Teppiche — dürfen zollfrei ausgeführt werden. Ausgenommen sind Gold, Goldlegierungen und -plattierungen, umgearbeitet oder als Halbzeug (Barren). Nicht abgabenfrei ist außerdem eine unteilbare Ware, zum Beispiel ein Schmuck- oder Kleidungsstück, deren Wert diese Grenze übersteigt. Die Abgaben werden dann in voller Höhe berechnet.
Verboten ist die Ausfuhr von Antiquitäten, d. h. Gegenständen, die älter als hundert Jahre sind, von Tierhäuten (Tiger-, Leopardenfelle, Schlangenhäute), von Pfauenfedern und indischem Elfenbein. Gemäß des Washingtoner Artenschutzabkommens dürfen derlei Produkte auch nicht in Europa eingeführt werden — der Zoll konfisziert rigoros (auch wenn die flinken Straßenhändlerinnen dies ebenso überzeugend wie lautstark leugnen).